中国法学会部级法学研究一般项目"私法与公法体系之间的赔偿转移研究"[项目立项号：CLS(2016)D09]

私法与公法体系之间的赔偿转移研究

向朝霞 著

知识产权出版社
全国百佳图书出版单位

图书在版编目（CIP）数据

私法与公法体系之间的赔偿转移研究/向朝霞著.—北京：知识产权出版社，2019.9
ISBN 978-7-5130-6431-6

Ⅰ.①私… Ⅱ.①向… Ⅲ.①赔偿—研究—中国Ⅳ.① D920.4

中国版本图书馆 CIP 数据核字（2019）第 188868 号

内容提要

本书以"赔偿转移"问题为中心，从理论上探析了我国私法与公法体系之间赔偿转移的方向与因素；从实践上考察了我国私法与公法体系之间不同的赔偿转移现象；从规范上评价了我国私法与公法体系之间的赔偿转移制度。本书认为我国私法与公法体系之间的赔偿转移具有合法性和正当性，针对我国私法与公法体系之间赔偿转移的问题，提出了一些完善建议。

责任编辑：王　辉　　　　　　　　责任印制：孙婷婷

私法与公法体系之间的赔偿转移研究
SIFA YU GONGFA TIXI ZHIJIAN DE PEICHANG ZHUANYI YANJIU
向朝霞　著

出版发行：	知识产权出版社有限责任公司	网　　址：	http://www.ipph.cn
电　　话：	010-82004826		http://www.laichushu.com
社　　址：	北京市海淀区气象路 50 号院	邮　　编：	100081
责编电话：	010-82000860 转 8381	责编邮箱：	laichushu@cnipr.com
发行电话：	010-82000860 转 8101	发行传真：	010-82000893
印　　刷：	北京九州迅驰传媒文化有限公司	经　　销：	新华书店及相关销售网点
开　　本：	720 mm×1000 mm　1/16	总 印 张：	11.25
版　　次：	2019 年 9 月第 1 版	印　　次：	2019 年 9 月第 1 次印刷
总 字 数：	180 千字	定　　价：	45.00 元
ISBN 978-7-5130-6431-6			

出版权所有　侵权必究
如有印装质量问题，本社负责调换。

目 录

绪 论 ·· 001
 一、研究的缘起与意义 ·· 001
 二、国内外研究情况综述 ··· 002
 三、研究方法 ·· 004
 四、本研究的结构安排 ·· 005

第一章 损害赔偿管理中的转移分析 ·································· 008
 第一节 损害赔偿管理中的转移分析框架 ···························· 009
  一、赔偿制度设计的目标：赔偿的正当性 ······················ 009
  二、赔偿目标实现的方式：基于法律手段的分析 ············· 015
  三、赔偿目标的执行：基于多重视角的分析 ··················· 021
 第二节 私法赔偿导向公法赔偿的转移 ································ 030
  一、私法赔偿的类型化分析 ··· 030
  二、私法赔偿导向公法赔偿转移的识别 ························· 034
  三、私法赔偿导向公法赔偿转移的评价 ························· 036
 第三节 公法赔偿导向私法赔偿的转移 ································ 038
  一、公法赔偿的类型化分析 ··· 039
  二、公法赔偿导向私法赔偿转移的识别 ························· 042
  三、公法赔偿导向私法赔偿转移的评价 ························· 044
 第四节 私法与公法之间赔偿的转移因素 ···························· 045
  一、立法干预 ··· 045

二、政策影响 ………………………………………………… 046
　　三、利益集团驱动 …………………………………………… 047

第二章　私法与公法体系之间赔偿转移的比较分析 ……………… 049
第一节　英国和德国医疗事故中的赔偿转移 ………………… 050
　　一、英国医疗事故中的赔偿转移分析 ……………………… 050
　　二、德国医疗事故中的赔偿转移分析 ……………………… 056
第二节　美国和法国自然灾害中的赔偿转移 ………………… 059
　　一、美国自然灾害中的赔偿转移分析 ……………………… 060
　　二、法国自然灾害中的赔偿转移分析 ……………………… 063
第三节　美国和法国从私法责任到替代性赔偿方案的转移 …… 068
　　——以出生缺陷的赔偿为例 …………………………………… 068
　　一、美国出生缺陷的特定转移 ……………………………… 069
　　二、法国出生缺陷的赔偿转移 ……………………………… 071
　　三、激发转移的因素 ………………………………………… 073
　　四、对从责任到连带的转移评析 …………………………… 076

第三章　我国法律体系下赔偿转移的实证分析 …………………… 077
第一节　我国医疗事故中的赔偿转移 ………………………… 077
　　一、问题提出 ………………………………………………… 078
　　二、我国医疗事故损害赔偿的责任性质及其归责原则 …… 079
　　三、我国医疗事故损害赔偿制度的问题 …………………… 084
　　四、我国医疗事故损害赔偿的转移与完善 ………………… 089
　　五、小结 ……………………………………………………… 094
第二节　大规模侵权损害中的赔偿转移 ……………………… 095
　　一、问题提出 ………………………………………………… 095
　　二、大规模侵权赔偿的传统模式及问题 …………………… 097
　　三、大规模侵权赔偿转移的完善 …………………………… 100

  四、小结 …… 108
 第三节 自然灾害中的赔偿转移 …… 108
  一、问题提出 …… 108
  二、我国自然灾害的救助补偿模式 …… 109
  三、我国自然灾害救助补偿的问题 …… 111
  四、我国自然灾害中赔偿转移的改革建议 …… 114
  五、小结 …… 118
 第四节 食品安全责任中的赔偿转移 …… 119
  一、问题提出 …… 119
  二、我国食品安全损害赔偿存在的问题 …… 121
  三、我国食品安全损害的赔偿转移：食责险 …… 123
  四、我国食品安全损害的赔偿转移：食强险 …… 126
  五、小结 …… 130
 第五节 生态环境损害中的赔偿转移 …… 131
  一、问题提出 …… 131
  二、生态环境侵权损害赔偿的问题 …… 132
  三、生态环境侵权损害赔偿转移的理论基础 …… 135
  四、生态环境侵权损害赔偿转移的完善 …… 136
  五、小结 …… 140

第四章 我国法律体系下赔偿转移的规范分析 …… 141
 第一节 我国公法与私法的互动及其对赔偿范式的影响 …… 141
  一、我国公法与私法的现状 …… 141
  二、我国公法与私法的交错 …… 143
  三、我国公法与私法的互动对赔偿范式的影响 …… 145
 第二节 我国法律体系下赔偿转移的内在标准 …… 147
  一、过错责任缩小和无过错责任扩张 …… 147
  二、社会连带责任和自我责任相结合 …… 149

第三节　我国法律体系下赔偿转移的外在标准……………………153
　　　　一、我国法律体系下赔偿转移的正当性……………………153
　　　　二、我国法律体系下赔偿转移的合理性……………………155

第五章　结　　论……………………………………………………158
　　　　一、解释的问题……………………………………………158
　　　　二、我国私法与公法之间赔偿转移的合法性………………160
　　　　三、我国私法与公法之间赔偿转移的正当性………………161
　　　　四、我国私法与公法之间赔偿转移的政策建议……………163

参考文献…………………………………………………………………165

后　　记…………………………………………………………………171

绪　论

一、研究的缘起与意义

（一）研究的缘起

法律中的赔偿问题是笔者这几年一直持续关注的问题。在读博士期间，笔者主要研究赔偿理论问题，毕业以后，也主要围绕实体法中的赔偿问题展开多方面的探讨。本书就是在多年关注的基础上对赔偿研究范围的拓展和深化。

说起这个选题，主要是受威廉·范博姆的启发，他主编了一本书，是关于欧洲私法体系与公法体系之间的赔偿转移问题。该书论证了在西方发达国家出现了一种趋势，即私法与公法之间赔偿转移。该书主要内容有两个方面：一是医疗事故中赔偿转移，如英国、法国、德国以及北欧国家在对待医疗事故时，欧洲国家特别强调第一方保险和公共基金，即把医疗事故由医院赔偿转移到保险公司和社会公共基金，很好地解决了医患关系，也有效地防止防御性医疗。二是灾难性事件中赔偿转移。该书主张把自然灾害赔偿从私法向公法转移，从国内向国际转移，如从私法向公法转移，即把灾害赔偿转向保险公司（第一方保险、第三方保险），以及公共赔偿（社会保障、无过错赔偿和公共基金）。再如从国内向国际转移，即自然灾害的国际社会保险。主张可以把一国自然灾害转向一种国际社会保险。在威廉·范博姆看来，这些赔偿转移很好地解决了一些社会问题。

但是威廉·范博姆的这本书主要谈的是欧洲国家情况，而且是一本论文汇编。那么该书说的情况是否适用或符合我国情况呢？带着这个疑惑，我想探讨我国是否在医疗事故、自然灾害等方面实施赔偿转移。就像苏力教授强调的一样，要研究我国的本土资源，从语境论视角研究中国的实际情况，发现中国问题，并提出解决方案。基于此，本书主要是从我国实际出发，发现我国现实中在哪些方面发生了赔偿转移；哪些方面没有发生转移，但可以赔偿转移；赔偿转移在我国的现实情况如何，包括立法、司法和实践中的表现。

所以，本书虽然借鉴了威廉·范博姆关于私法与公法之间赔偿转移的研究模式，但又与其有不同。

（二）研究的实践意义和理论意义

1. 研究的实践意义

本书着眼于趋势研究，分析赔偿转移的发展趋势和赔偿转移的效果，为决策者提供决策的数据资源，以便决策者清楚的认识各种不同的赔偿转移。

2. 研究的理论意义

本书从公法与私法体系之间的关系，分析公法私法化、私法公法化，以及公私法混合的发展趋势，进而揭示公私法之间的赔偿转移发展趋势。这个趋势可为立法、司法、执法以及政策制定提供理论依据。本研究运用比较方法，分析了国外公私法之间赔偿转移理论，为我国公法与私法体系之间的赔偿转移提供理论参考。

从选题意义来看，课题选题还是比较新颖的，因为私法与公法之间的关系，在我国研究得比较多，但是私法与公法之间赔偿转移则研究不多，在我国还是一个比较新颖的研究领域。

二、国内外研究情况综述

在公法私法化、私法公法化，以及公私法混合情势下，我国赔偿范式发生了赔偿的转移，认识到赔偿转移现象，对我国立法、司法、执法及其相关政策制定有着重要指导意义。通过对现有文献梳理，发现公法与私法之间赔偿转移的相关研究主要集中在三个方面。

（1）公法与私法发展趋势方面。一是公法与私法关系。袁曙宏（2003）、杨寅（2004）认为公法和私法彼此之间交融渗透，大致呈现三大趋势：私法的公法化、公法的私法化和公私法融合为社会法。二是公法私法化。龚刚强（2005）从法经济学角度阐述了公法与私法划分、公法私法化和私法公法化的原因。金自宁（2007）、曾云燕（2012）、李翠翠（2015）认为要吸收借鉴私法化的实施方式来突破公法实施的理性瓶颈制约，明确公法私法化的理念和相关制度，完善我国的公法私法化的制度体系。三是私法公法化。苏永钦（2005）揭示了民法中的自治与强制之间的复杂关系，看到了这其中蕴涵了私法公法化。田喜清（2011）、高伟（2012）、钟瑞栋（2013）、杨阳（2015）认为私法公法化是对社会变革的一种回应，我国私法公法化过程尚有一些不足和缺失，有必要对其进行完善。

（2）赔偿相关理论方面。一是赔偿的理论。兰迪·E.巴内特（1972）提出抛弃传统刑事惩罚的模式，用强制补偿受害人的赔偿模式取代刑事惩罚。查尔斯·F.阿贝尔和富兰克·H.马斯（1984）指出赔偿是一种惩罚。唐纳德·布莱克（2009）在其《正义纯粹社会学》中提出了赔偿理论。二是赔偿的正当性。J.Angelo Corlett（1980）认为赔偿的正当性在于报应主义。查尔斯·F.阿贝尔和富兰克·H.马斯（1984）认为修复主义是赔偿的正当性基础。陈兴良、周光权（1998）认为忠诚理论是赔偿正当性基础。邱兴隆（1999）认为报应主义是赔偿的正当性基础。梁根林（2006）认为报应限制功利是赔偿正当性基础。三是国家责任与赔偿的关系。卡罗尔·哈洛（2009）考察了赔偿文化，指出赔偿诉讼已经对国家及其现有司法资源形成一种巨大的冲击。冯娜（2009）认为目前国家责任与赔偿仅仅是一种法律救济，应该建立一种国家责任与赔偿的激励机制，从而预防国家侵权行为的发生。四是侵权行为法与赔偿的关系。格哈德·瓦格纳（2012）提出一种新的损害赔偿法的观念，即"预防"是损害赔偿法的使命，并以此建构未来的损害赔偿法。张新宝（2012）认为大规模侵权造成的众多受害人的救济需求及对社会稳定形成的压力，建议建立大规模侵权基金应对。

（3）赔偿转移方面。萨斯基亚·克洛泽（2010）从经验视角讨论与工作有关的伤害的各种赔偿手段之间的转移。如私法安排与社会保障安排之间的转移。米夏埃尔·福尔（2010）从比较、经验以及法律与经济学的视角，讨论了有关环境损害赔偿机制中的各种转移。威廉·范博姆（2012）从整体性角度讨论了私法体系与公法体系之间的赔偿转移。

综上，私法与公法体系之间的转化与混合，导致了自我责任与社会连带责任的结合，从而引起了公私法之间赔偿转移。国外在研究赔偿理论方面比较深入，探讨了赔偿理论在刑事、民事、行政等领域深刻的变革；在赔偿转移方面，虽然不很深入，但已经有了一些研究成果，并描绘了赔偿转移的发展趋势。对我国而言，在公法与私法之间的转化已经有了比较深入的研究。在赔偿理论方面，无论在深度和广度方面，还有一定欠缺，特别是在赔偿转移研究方面，还没有深入认识这种发展趋势。本书基于我国情境，分析我国存在的私法与公法体系之间的赔偿转移趋势，并解释发生赔偿转移的原因，接着探讨我国法律体系下赔偿转移的效果如何？以及如何从规范性角度评价赔偿转移？本书的研究能对上述问题做出十分有价值的研究。

三、研究方法

比较分析方法。在私法与公法体系之间赔偿转移比较分析中，重点考察大陆法系国家赔偿转移，如比较法国与德国在医疗不良事件中的赔偿转移。从这些比较分析中获取对我国医疗事故赔偿转移一些有益经验。再如比较美国与法国在自然灾害方面的赔偿转移，为我国在应对自然灾害、环境污染，以及大规模侵权方面提供经验借鉴。

案例分析方法。在文献检索、社会调查、新闻报道的基础上，选取不同类型事件案例，分析我国是否出现了赔偿转移。如本书分析了我国医疗事故、大规模侵权事件、突发事件中的先行赔付、环境损害赔偿等，从中发现我国在某些领域已经出现了赔偿转移。某些领域应该向欧洲国家一样实施赔偿转移，但我国没有实施。还有通过对我国法律体系下赔偿转移的社会效果进行分析，看赔偿转移是否达到了政策制定者的既定目标。

定量分析方法。在网络或实地调研、问卷调查及专家访谈的基础上，分析影响私法与公法之间赔偿转移的因素，尝试采用经济管理中的数量方法对社会效果影响因素进行评价。由于时间仓促，经费有限，只是小规模的定量研究，在以后工作和学习中再进一步完善。

文献分析法。主要是利用学术期刊网，收集、整理、归纳和分析关于私法与公法体系之间赔偿转移相关的学术著作和论文等，以此作为资料来源和分析基础。同时会引用一些原始文件、官方数据等来充实或补充相关研究内容。

四、本研究的结构安排

法律体系中的赔偿转移类型较多，而且也较复杂，有私法体系内部的赔偿转移，有公法体系内部的赔偿转移，有公法与私法体系之间的赔偿转移。本书重点研究公法与私法体系之间的赔偿转移。

（一）研究思路

本书按照文献回顾、赔偿转移的框架分析、赔偿转移比较分析、赔偿转移实证分析、赔偿转移规范分析的逻辑顺序。简言之即赔偿转移的"识别→解释→效果→规范性评价"逻辑顺序。首先，认识赔偿转移，阐述什么是赔偿转移、赔偿转移触发因素、赔偿转移主体、赔偿转移的正当性等。其次，比较欧美国家赔偿转移的模式，主要是在各个领域不同国家采取不同赔偿转移模式。再次，考察我国私法与公法之间赔偿转移的社会效果，主要分析医疗责任事故、大规模侵权、环境损害和突发事件中的赔偿转移效果，最后，我国私法与公法之间赔偿转移的规范性分析，主要分析赔偿转移的合法性和正当性。

（二）主要内容

在交通事故中，赔偿由个人主体转移给了保险市场，这是我们常见的赔偿转移。在国外，医疗事故赔偿、环境损害赔偿、灾害和恐怖活动赔偿等，由私法赔偿转向公法赔偿，并取得了不错效果。那么我国可以吸取国外经验，对医疗事故、环境损害、灾害和突发事件等中的私法赔偿，导向公法赔偿，这是解决医闹、群体性事件等很好的方式。

因此，本书的目标就是让更多人识别我国法律体系下的赔偿转移，并评估赔偿转移的效果，更好的解决社会冲突，实现社会和谐。同时，吸收借鉴国外经验，完善我国法律体系下的赔偿转移制度。

本书共分六部分，即绪论和五个章节。

绪论，主要介绍了为什么要研究赔偿转移问题、国内外对该问题的研究现状和选题意义，以及对赔偿转移研究采取的方法等。

第一章，损害赔偿管理中的转移分析。本部分主要研究三个方面的问题。一是构建损害赔偿管理中的转移分析框架，试图从理论的视角，实现对私法与公法赔偿制度之间相互关系的考察。二是基于研究对象私法与公法体系之间的赔偿转移，主要分析私法赔偿导向公法赔偿的转移和公法赔偿向私法赔偿的转移。三是解释私法与公法体系之间赔偿转移的因素。究竟是公法赔偿转向私法赔偿，还是私法赔偿转向公法赔偿，抑或不发生转移？即分析决定赔偿转移发展方向的因素。在欧美其因素一般是由于政治压力和利益集团推动，而我国立法和政策干预因素表现明显，但利益集团因素表现不明显。

第二章，私法与公法体系之间赔偿转移的比较分析。本部分主要考察欧美一些国家发生在不同领域的赔偿转移，重点考察英国和德国在对待医疗事故时，采取从责任到连带责任的模式，即从私法赔偿导向公法赔偿模式。考察美国和法国在对待自然灾害时，采取社会连带和自我负责相结合的模式，即公法赔偿导向私法赔偿模式。我国却采取了与欧美不同的模式，如对医疗事故，我国就没有采取英国和德国模式，仍然坚持私法赔偿模式；在对待自然灾害时，采用了私法赔偿导向公法赔偿模式。

第三章，我国法律体系下赔偿转移的实证分析。本部分分析我国法律体系下赔偿转移具体领域，并考察赔偿转移的社会效果。一是分析我国医疗事故中的赔偿转移，发现这个关乎民生医疗问题，没有发生如西方国家那样的赔偿转移。二是分析大规模侵权损害中的赔偿转移，虽然我国在大规模侵权损害中发生了赔偿转移，但转移对象与西方有很大差异。三是分析自然灾害中的赔偿转移，也是与西方国家比，我国在这一领域的赔偿转移比较突出。四是食品安全责任中的赔偿转移，我国目前在试点的食责险和食强险，则表明我国在这一领域发生了转移。五是分析环境损害赔偿中的转移，我国环境损害赔偿领域采用无过错责任原则，其实就具有损害赔偿转移的特征。

第四章，我国法律体系下赔偿转移的规范分析。本部分分析什么类型的赔偿转移是合适的。一个是内在的标准，一个是外在的标准。内在的标准主要考察特定赔偿转移是否符合正式政策目标，即决策者的既定目标。其目的判断我国赔偿转移合法性。通过我国法律体系中的公法与私法划分，法律体系中的连带责任和自我责任分析，我国法律体系下的赔偿转移具有合法性。即使内在的标准目标实现，也不能证明该赔偿转移是"好的"或"公正的"，还需要对赔偿转移作规范性评价，即外在标准的评价。外在标准评价主要从规范外部来评价，利用平等理论、分配正义理论等来评析我国法律体系下的赔偿转移，期具有一定的正当性和合理性。

第五章，结论。通过上述几章分析，本书最终得出结论。我国存在私法与公法体系之间的赔偿转移现象，其赔偿转移方向在于：私法向公法赔偿转移、私法体系内部之间转移，以及公法向私法赔偿转移。本书认为我国私法与公法体系之间赔偿转移具有合法性、正当性。针对我国私法与公法之间赔偿转移问题，提出两点政策建议，一是我国医疗责任事故领域应实施私法向公法赔偿转移；二是大规模侵权和自然灾害领域应采用公法导向私法的赔偿转移，要自我责任与社会连带责任相结合。

第一章　损害赔偿管理中的转移分析

在公法私法化、私法公法化，以及公私法混合情势下，我国赔偿范式[1]发生了赔偿的转移，认识到赔偿转移的现象，对我国立法、司法、执法、相关政策制定，以及社会纠纷的解决有着重要的指导意义。本章主要从私法赔偿导向公法赔偿的转移、公法赔偿导向私法赔偿的转移，以及私法与公法之间赔偿的转移因素三个方面展开对于损害赔偿管理中的转移分析。共分为四个方面，其一，关于损害赔偿管理中的转移分析框架，主要展现了赔偿转移研究的理论视角。其二，关于私法赔偿导向公法赔偿的转移分析。其三，关于公法赔偿导向私法赔偿的转移分析，通过对象私法与公法体系之间的赔偿转移分析，其目的主要是识别私法赔偿导向公法赔偿，以及公法赔偿导向私法赔偿的转移现象。这也是本研究展开的逻辑起点。其四，对私法与公法之间赔偿的转移因素的分析。主要通过解释私法与公法之间赔偿的转移因素，探清究竟是公法赔偿转向私法赔偿，还是私法赔偿转向公法赔偿，抑或不发生转移，即主要集中分析决定赔偿转移发展方向的因素。

---

[1] 范式（paradigm），这一概念和理论由美国哲学家托马斯·库恩（Thomas Sammual Kuhn）首创，并系统阐述于其著作《科学革命的结构》（The Structure of Scientific Revolution）(1962)。它是指，一个共同体成员所共享的信仰、价值、技术等的集合。意指常规科学所赖以运作的理论基础和实践规范，表现为一种共同的世界观和行为方式，是研究共同体进行科学研究时所遵循的模式与框架。

第一节　损害赔偿管理中的转移分析框架

"损害赔偿管理中的转移",试图以一个比较的分析视角,实现对于私法与公法赔偿制度之间相互关系的考察。由于私法与公法体系之间的转化与混合,导致了自我责任与社会连带责任的结合,从而引发了公私法之间赔偿的转移。目前,国外在研究赔偿理论方面比较深入,分别探讨了赔偿理论在刑事、民事、行政等领域深刻的变革;在赔偿转移方面,研究虽不深入,但相关成果已初具规模,至少已大致描绘出损害赔偿转移的发展趋势。就我国而言,对在公法与私法之间的转化已经有了比较深入的研究,而对赔偿理论的研究,不论是研究深度还是广度方面仍有待进一步探索。特别是关于赔偿转移方面的研究,仍未引起足够重视,缺乏对该现象发展趋势的深入认识。本节试图通过从赔偿制度设计的目标、目标实现的方式、多重视角下赔偿目标的贯彻等方面入手为赔偿管理中的转移研究提供一个基本的分析框架,期以辅助研究者准确把握赔偿转移趋势,实现损害赔偿管理中的转移研究的理论化目标。

一、赔偿制度设计的目标:赔偿的正当性

(一) 赔偿理论

从现代法的意义上来说,"赔偿"也称为"损害赔偿",它是指"当事人一方因侵权行为或不履行债务而给他方造成损害时,应承担补偿对方损失的民事责任"[1]。我国台湾地区学者曾隆兴这样界定损害赔偿:"在人类社会生活中,因人之行为,使他人财产或精神蒙受不利益,称为损害……损害发生后,为恢复原状,于不能恢复原状时,以给付金钱赔偿损害,称为损害赔偿。"[2]

---

[1] 中国大百科全书总编辑委员会.中国大百科全书(法学卷)[M].北京:中国大百科全书出版社,2004:577.

[2] 曾隆兴.详解损害赔偿法[M].北京:中国政法大学出版社,2004:1.

帕克认为："赔偿就是在一个人遭受现实的或可能的损害之后，使其恢复到原有状态。它总是涉及对被害者的给予，因此，它也总是涉及某个可能的受益人。"❶布莱克从社会学的角度定义赔偿，他认为："赔偿是通过偿付受害方来处理不满的一种社会控制样式。"❷从上述赔偿界定来看，中国大陆地区是把赔偿限定在民事范围内，而且是补偿性的，这种界定过于狭窄。曾隆兴、帕克和布莱克对赔偿的界定只是阐述了赔偿对受害人一方要有利，而不界定适用范围也不限定是惩罚性还是补偿性赔偿。可以说，前者是狭义理解，后者是广义理解。事实上，赔偿不仅仅可以在民事责任中行使，而且在刑事和行政责任中也可以行使。赔偿不仅是补偿性的，也有可能是惩罚性的。总之，赔偿主要是对已发生或可能发生损害的受害人的救济。

1. 巴内特的赔偿理论

巴内特指出，应该抛弃刑事犯罪惩罚的传统模式，罪犯不应再被判处徒刑或者责令支付罚金给国家，而应该迫使罪犯补偿因他们的犯罪行为遭受伤害或损失的受害人。因此，他建议用赔偿的范式替代惩罚的范式。❸

巴内特拒绝惩罚，他认为报应、威慑和修复中没有一个标准的目的或理由充分证明惩罚的实践是正当的。如一个仅仅倡导威慑的制度是不能作为刑事司法制度的。因为为了威慑犯罪，威慑理论将会允许或要求惩罚一个无辜的人。总之，他认为报应、威慑和修复都不能单独覆盖一个刑事司制度的目的，只有赔偿才能完全覆盖一个刑事司法制度的目的。

在巴内特看来，一个司法的赔偿制度将会有利于受害人、犯罪人和纳税人。总之，赔偿范式除了根深蒂固的刑事官僚主义外对所有人都是有利的。

2. 大卫·鲍尼因的赔偿理论

大卫·鲍尼因在巴内特的理论基础上进一步推进，提出了纯赔偿的理论。他与巴内特一样，都是主张抛弃惩罚。不同的是，巴内特把赔偿分为两类：

---

❶ 哈伯特·L.帕克.刑事制裁的界限[M].梁根林，等译.北京：法律出版社，2008：23.
❷ 唐纳德·布莱克.正义的纯粹社会学[M].徐昕，田璐，译.杭州：浙江人民出版社，2009：47.
❸ RANDY E. BARNETT. Restitution: A new paradigm of criminal justice[J].Ethics, 1977, 87(4): 279-301.

惩罚性赔偿和纯赔偿。[1] 在巴内特的赔偿理论中，这两类赔偿都包含在其中。但大卫·鲍尼因认为惩罚性赔偿与法律惩罚无异，因此主张一个纯赔偿。在他看来，纯赔偿理论是两个主张的结合：一是国家不应该惩罚违反法律的人，二是国家应该迫使违反法律的人因他们的枉行引起的伤害对受害人补偿。[2]

大卫·鲍尼因主张，没有惩罚的赔偿在于他认为赔偿不是惩罚，两者有着重要的区别。他给惩罚和赔偿都进行了定义，提出了法律惩罚理论和纯赔偿理论。大卫·鲍尼因主张，应该接受一个没有法律惩罚的方式，强制赔偿受害人或许能够做我们想要法律惩罚做的所有事。赔偿能够被用来修复一个不合法行为造成的伤害，能够使伤害好像从来没有发生过。虽然赔偿不能够消除枉行，但是赔偿能够消除伤害。而法律惩罚既不能消除枉行又不能消除伤害。因此，他认为强制赔偿受害人具有正当性。

3. 查尔斯·F. 阿贝尔和富兰克·H. 马斯的赔偿理论

查尔斯·F. 阿贝尔和富兰克·H. 马斯认为赔偿过去总是被视为惩罚的一种形式，事实上现在也是惩罚定义的一个要素。有的人之所以把赔偿不视为惩罚的一种形式，在于他们混淆了惩罚的定义和惩罚的正当性的区别。在他们看来，赔偿是相对最合理的惩罚形式。也就是说，法律惩罚仅仅根据赔偿的目的或方法才是正当的。

阿贝尔和马斯通过指出报应、威慑和修复等存在的不足，来论证赔偿方式作为法律惩罚正当性的最好形式。他们认为，报应、威慑和修复作为惩罚正当性的形式，在社会的变化中既不具有灵活性，也让人迷惑。而赔偿的方式至少可以做到三者能够做到的事。而且赔偿在实践中更灵活、对社会的影响更积极，因而比其他方式更具有道德上的优先性。他们把刑事司法制度看作一种政治制度。从政治制度的角度看，法律惩罚的目的不能仅仅是强制性方式，比如报应、威慑和强制性的修复方式，还应该包括补救和促进。

---

[1] 在巴内特看来，纯赔偿不是惩罚，它仅仅是返回被偷的货物或金钱的事件。也就是说，犯罪人不值得遭受惩罚，而是受害人值得赔偿（补偿）。向朝霞. 论赔偿的正当性［J］. 东方法学，2014（4）：156.

[2] DAVID BOONIN. The problem of punishment[M].Cambridge：Cambridge University Press，2008.

4. 彼得·J. 费拉拉的赔偿理论

彼得·J. 费拉拉提出了报应和赔偿相结合的合成理论。这个合成理论包括两个方面：一是要求犯罪人因其犯罪行为造成的损失补偿受害人，二是保留报应的正当性作用。这个合成理论有助于消除仅仅强调赔偿理论的缺陷，更容易实现赔偿的目的。❶

费拉拉在接受赔偿作为惩罚正当性原理基础同时，指出赔偿理论也有其不足。第一，赔偿理论是关注个人权利（包括受害人和犯罪人的权利），其目的是赔偿受害人。第二，补偿不足。赔偿制度有一个实际缺点，有些损害不能靠修补来解决，因而严重削弱了赔偿制度的适当性。第三，威慑不足。在赔偿方式下，只要个人能够负担犯罪的成本，它将会允许个人犯罪。赔偿方式不能威慑大量的犯罪，也不能使个人权利免受犯罪侵害。第四，导致不公。在赔偿方式下，故意伤害与过失伤害可能赔偿一样多。费拉拉认为用合成理论就可以解决这个缺点。第五，无损害的问题。即在没有出现损害的情况，在赔偿方式下，可能不用赔偿。总之，费拉拉认为报应和赔偿的合成理论才是一个道德的、公正的和有效的法律制裁制度所需要的。赔偿理论关注受害人、强调了自决原则、增进人类的福利。

通过对赔偿理论分析，发现现代社会赔偿的发展趋势。在当今风险社会，关注受害人的损害变得越来越强烈，对受害人的损害稍有疏忽就有可能导致一场公共事件，从而引起人们对司法的质疑或不信任。西方赔偿理论要求人们更多关注受害人的损失，并强调给予赔偿。这个受害人可能是刑事、民事等案件中的受害人，也可能是自然灾害、事故灾难、公共卫生事件中的受害人。总之，在很多情况下，对受害人给予充分及时的补偿或赔偿，可以增进人类福利并有利于人类互动，实现优质生活。

（二）赔偿的正当性

通过分析赔偿理论，给予受害人补偿或赔偿，可以增进社会整体福利，实现更好的生活。当前，我国社会主要矛盾，就是人民日益增长的美好生活

---

❶ PETER J. FERRARA. Retribution and restitution：A synthesis[J]. The Journal of Libertarian Studies, 1982, 6(2)：105-136.

需要和不平衡的发展之间的矛盾。赔偿正当性就在于满足受害人对美好生活需要。论证赔偿的正当性，即确定赔偿制度的目标，主要可以从以下三个方面入手，这也是赔偿制度中最重要目标。

1. 矫正正义

损害赔偿管理中的赔偿主要是针对受害人所遭受的损失的弥补与修复，这其实就是一种矫正正义，对侵害者给予惩罚。受害人所遭受的损失一般情况下表现为对于人身损害（包括人身伤害或者死亡）、财产损害等其他纯粹的经济损失，但有时也表现为对于生态环境的损害。在多数情形下，都能够明确找到该损害的实际责任承担者。这也就自然而然把我们导向一个应当由造成损害的实际责任承担者向因该损害行为遭受损失的受害者支付赔偿的可能的道德理由，这就是矫正正义在赔偿中的制度目标。矫正正义的基本思想包含，"虽然个人必须接受生活必然带来的伤害和健康不佳的风险，但是，不应该期待个人承受其他人的某一行为，尤其是不法行为产生的后果所带来的损失"[1]。

2. 分配正义

分配正义，作为论证赔偿正当性的第二个道德理由，相较于矫正正义其具有更为广泛的基础以及可能更广泛的社会实践应用。罗尔斯指出："正如真理是思想体系的首要德性一样，公正是社会制度的首要德性。"[2] 他把分配正义主要归结为一种制度公平："公平正义的一个主要特征是它把社会基本体制作为政治正义的主题。之所以如此，部分是因为社会基本体制对公民的生活目标、愿望、品质及其发展机会和利用机会的能力的影响不仅是广泛的，而且开始于其生活的开端。"[3] 该问题研究争论的焦点主要集中于风险事故领域，因为现实中大多数的风险事故的分配倾向于由社会单元中那些无法保护自身利益的群体承担。而实践中并不是所有产生风险事故的行为活动均无益于社会，

---

[1] P. CANE. Atiyah's accidents compensation and the Law[M]. Cambridge：Cambridge University Press，2006.

[2] JOHN RAWLS. A theory of justice[M]. Massachusetts Cambridge：The Belknap Press of Harvard University Press，1971.

[3] JOHN RAWLS. A theory of justice[M]. Massachusetts Cambridge：The Belknap Press of Harvard University Press，1971.

此时，那些在社会中因该产生风险事故的行为活动受益的个人或者群体应当承担，或至少分担损失。❶ 分配正义的本质问题在于如何协调个人的分配正义诉求和社会的分配正义诉求之间的关系问题。真正的分配正义不应当满足于对任何一方的单方面诉求的满足，而是在这两种迥异的分配正义诉求之间努力找寻那个平衡点，而得到一个有效协调和平衡的结果。但是，关于这两种诉求之间的平衡点，从狭义上看，分配正义应当是着力关注那些在社会或者经济上暂时处于弱势地位的一方。从广义上看，这时分配正义能够使得此类损失赔偿的实现得以正当化，即分配正义的实现能够使得"这类损失随机地落在偶然的受害者身上，不论这些受害人的财富状况如何"❷。

3. 市场失灵

主要是就无法律强制性规定的当事人可自由协商或者个人自由选择的领域发生的损害而言。在这一损害救济凭借当事人自愿方式获得的场域中，存在着市场失灵问题。在满足上述场域的前提下，假设某损害事故活动中的受害人甲，在遭受实际损害前或后，因自身掌握救济方式的选择权，其当然可以选择与潜在或现实的事故行为责任人乙之间以合同的方式在事故发生以前或者以后约定赔偿事宜，实现对于风险的防范与损害的弥补。当然，其中具体合同可以由受害人甲与潜在或现实的直接责任人乙之间签订，甚至可以是由第三人丙（包括自然人和社会组织）与受害人甲之间签订。在这一过程中的市场失灵主要体现在以下几个方面。

一是当事人间的信息不对称（asymmetric information）。作为社会经济生活中的"理性人"，都会追求实现自身利益最大化。不论在信息传递还是在信息收集等各个环节，当事人之间均会以实现自身利益最大化为标准，隐瞒、处理自己已掌握的或者需要掌握的信息，这时信息不对称问题会被不断放大。理论上，只要信息不免费，世界上就没有绝对的真相。即信息在传递的过程中天然的存在"失真"的现象，存在信息失灵的问题。

---

❶ W. FRIEDMANN. Law in a changing Society[M].Berkeley：University of California Press，1972.
❷ G. ZARB. Social security and mental health：Defining the issues[J].Social Security and Mental Health，1996（4）:3–10.

二是可能引发的"道德风险"或者"逆向选择"。面对可能遭受的风险，行为人通过理性选择将潜在可能遭受的损失以保险的方式转嫁，一旦受损可以从保险公司获得相应赔偿，这有可能导致行为人不采取其他措施预防相应投保事件发生的道德风险。再如，在财产保险领域，假设财产遭受侵权、灾难、事故等可能性越高，则相应的产权人选择投保的可能性就越大。假设所有产权人均具有投保的能力，此时，从理论上看，身处地震、海啸等灾害、事故多发地区的产权人较身处灾害、事故等不易发生地区的产权人而言，其选择投保的人数会高于后者，前者选择投保的动机也会远远强于后者。

三是关涉该风险防范或损失弥补的保险合同本身受制于保险利益的可保性。可保性意指保险资格的获取要求一定的风险类型必须满足相应的最低要求。换言之，无法满足相应最低要求的风险类型不具有可保性。而不可保险的风险正是社会保险，以及其他公共赔偿机制必须解决的重要问题。虽然，随着整个保险市场的发展，保险等其他公共赔偿机制应对不可保险能力的提高，但保险制度本身终究无法克服这一问题的存在，因而，为彻底克服这一问题的存在，涉及相应赔偿制度的一系列替代性方案的产生即具有了正当性基础。

总之，从矫正正义角度看，赔偿理论强调了自决原则，允许两者之间的意思自治。从分配正义角度看，赔偿强调关注受害人的利益，关注修复受害人或社会的损害，强调对受害人损害的赔偿，以修复受害人的损失，增加了人类福利。从规制损害赔偿合同领域的市场失灵问题上看，赔偿理论对该问题能够在最大程度上予以克服。

二、赔偿目标实现的方式：基于法律手段的分析

（一）侵权责任法

普通侵权损害的司法救济主要凭借私法诉讼的方式，即通过受害人甲（或甲死亡时，由其亲属等关系密切的相关第三人）针对侵权行为人乙实施的侵权行为向人民法院主张要求被告方，即对侵权行为应付赔偿责任的相关责任人乙或丙对其给予相应损害赔偿。那么，为了顺利地让该诉讼进行下去，通常情况下原告方（即受害人甲）需要提供相应证据证明以下事实：一是存

在侵权损害行为，二是存在自身实际损害结果发生的事实，三是侵权损害行为与损害结果之间存在因果关系。另外，在一些特殊情形下，原告方（即受害人甲）还需要对侵权行为人乙实施该损害行为时存在相应过错承担证明责任。在不存在举证责任倒置的场合中，其实原告方（即受害人甲）所承担的责任是较重的，尽管如此，一旦原告方（即受害人甲）成功的对其主张提供相应的证据佐证，多数情形下，其即可从应付赔偿责任的相关责任人乙或丙处获得全额赔偿。此时，原告方（即受害人甲）能否成功的对其主张提供相应的证据佐证便是其此次赔偿目标实现与否的关键。因而，在这一过程中，为确保自己在本次诉讼中保持优势，原告方（即受害人甲）多数情况下需雇佣专业律师为本次诉讼提供专业支持。

（二）民事合同

侵权诉讼案件，一般通过诉讼可以获得损害赔偿。在司法实践中，一些侵权诉讼案件，最终是以和解的形式结案的。那么涉及的当事人，即为原告房和被告方。如果在被告方没有参加相关合同责任保险❶的情况下，诉讼和解通常是基于原被告双方当事人之间自愿协商一致后的结果。但是，如果在有责任保险的情况下，这时原本是两方当事人的一般民事侵权诉讼构造因保险人的参与，而扩张到由受害人（原告方）、侵权行为责任的承担者（被告方），以及保险人（第三人）三方博弈的模式。保险人（第三人）加入到三方博弈后，保险人出于维护自身利益，会利用责任保险合同条款来谋求对诉讼和解的控制权，从而使得和解机制变得非常复杂。❷对于这种因从两方对抗到三方博弈转变而使得侵权诉讼与责任保险之间关系纠结的问题，这虽是一个值得

---

❶ 合同责任保险，按照通常理解，是指以被保险人对第三人的赔偿责任为标的的保险。我国《保险法》第65条规定："保险人对责任保险的被保险人给第三者造成的损害，可以依照法律的规定或者合同的约定，直接向该第三者赔偿保险金。……责任保险是指以被保险人对第三者依法应负的赔偿责任为保险标的的保险。"

❷ 依照我国《保险法》第65条，在法律或保险合同未有明确约定的情况下，责任保险人对于第三人并不负有直接的法律上的义务，并且在实践中，保险人在责任保险合同中通常都会否认第三人对自己享有直接请求权，因而，第三人通常并不能直接起诉保险人。然而，在一些特定领域，如果机动车强制责任保险，第三人依《道路交通安全法》可直接向保险人提出索赔，但是，从整体上看，第三人直接起诉保险人的情形应当属于例外。

深究的问题，但本文在此不予赘述。合同是产生私法义务的来源之一，合同纠纷的解决除当事人能够私下和解外，大多数情况下都需要诉诸法院，而合同侵权纠纷所涉及的赔偿诉讼程序与侵权责任法的诉讼程序相同。不论是一般的合同还是特定的合同，如责任保险合同等，赔偿责任产生的情形和应当支付的赔偿数额，原则上均可以通过合同约定的方式确定。如一般合同中的违约救济条款，再如责任保险合同中对赔偿保险金数额的约定等。

（三）公共赔偿方案

我国现行的侵权赔偿制度是建立在传统的社会二元模式理论上的，具体包括民事侵权赔偿和国家赔偿两大系统性的赔偿制度。但是，在风险社会，随着第三部门在我国兴起和发展，现行赔偿制度已经不利于解决一般的侵权纠纷和合同纠纷，也不利于公正合理解决涉及有关第三部门组织的侵权赔偿纠纷。因此，与第三部门相适应的公共赔偿的存在显得尤为必要。对于公共赔偿的准确把握主要可以从以下几个方面来看：一是赔偿责任的主体是非营利性组织。即该组织的投资人组织设立该组织后，不从组织中分配利润；组织中的工作人员的工作报酬不直接与组织活动收入联系；并且组织设立的宗旨为追求社会公益，从事社会公益活动等。二是活动或者工作物造成的损害，该损害主要是指人身损害及财产损失。三是侵权行为人对于损害事实发生所持的主观状态。根据非营利组织的活动宗旨可以推知，其对于损害事实的发生一定是非故意的，可能存在过失。

公共赔偿方案采用多种形式。❶ 如赔偿基金、保险、政府救助等。公共赔偿涉及的领域也较为广泛。这里以环境侵权领域中的公共赔偿为例，由于环境侵权本身所具有的特殊性，使得传统民事救济和国家赔偿救济制度在应对其相关问题时的局限性凸显。如企业因达标排污所累积而产生的环境损害，对于此类环境损害的赔偿肯定不能依据普通的民事赔偿救济制度要求企业必须承担民事侵权责任，因为其行为是在现有法律所允许的范围之内。还有一些环境侵权本身就内含社会公益的属性，例如高速公路、铁路、机场、发电

---

❶ ANTHONY OGUS. Do we have a general theory of compensation?[J].Current Legal Problems，1984(37)：29.

站、公共水坝、高压线路等，这些公共设施在发挥社会公益服务功能的同时，存在着巨大的环境侵权隐患。因此，从这一角度出发，环境侵权行为与一般民事侵权行为相比较，其"原因行为往往具有社会妥当性、合法性、价值性和公益性"❶。环境侵权之公共赔偿救济制度是在传统一般民事救济手段对受害人救济乏力或启动国家赔偿救济又无法律依据和因果推定不能的情况下，通过预设的公共赔偿救济中心，以一定的条件为前提，以一定的程序机制作为保障，对受害人因特种环境侵权之受损予以及时、有效、直接支付与补偿的环境责任填补制度。❷

公共赔偿方案相较于其他赔偿制度方案，其比较优势在于：一是对于逆向选择问题的克服。公共赔偿制度在实践中能够迫使低风险的被保险人与高风险的被保险人进入同一个公共的风险池，这是其所发挥的基本效果。这也是为什么说公共赔偿方案具有替代私人的、市场型的损害救济路径的比较优势。二是对于私人的、市场型的保险市场能力的有限性之纠正。在某些特定的风险面前，如特大型的自然灾害、工业事故、核污染等，单纯地依靠私人的、市场型的保险显然无法应对，此时，需要借助公共赔偿制度。三是公共赔偿能够根据受害人类别的不同而发挥其所被期待的作用。只要受害人满足公共赔偿方案中所要求的相应资格条件，其就可以得到应有的赔偿。而这恰恰是私法赔偿机制中所无法想象的。

（四）私营强制性保险方案

如上所述，公共赔偿制度存在克服私人保险市场中的"逆向选择""弥补私人保险机制能力的有限性"等问题的比较优势，同时也必须为此付出无形的，如"交叉补贴""不公正定价"等分配不公的代价。公共赔偿方案作为赔偿目标实现的一种法律手段，其在具体实践中发挥的功能和作用在没有出现更优的替代方案之前，一定是无可估量的。那么，究竟是否存在相应的替代方案呢？答案当然是肯定的。当前，一种私人性但却具有强制性的保险方案——强制性保险的正确运用可以实现以较小的代价取得与公共赔偿制度相

---

❶ 王明远.环境侵权救济法律制度［M］.北京：中国法制出版社，2001：16.
❷ 肖海军.论环境侵权之公共赔偿救济制度的构建［J］.法学论坛，2004（3）：94.

同利益的效果。

目前，我国存在的强制性保险除了 2007 年 7 月 1 日《机动车交通事故责任强制保险条款》中实行的机动车交通事故责任强制保险（以下简称"交强险"）以外，还主要有：建筑工人意外伤害险❶、铁路旅客意外伤害险❷、煤矿工人意外伤害险❸、旅游意外保险❹、旅行社责任险❺、通用航空活动地面第三

---

❶ 建筑施工企业必须为从事危险作业的职工办理建筑工人意外伤害险，这是我国《建筑法》的强制性规定，故建筑工人意外伤害险为强制保险。具体规定在：1998 年 3 月 1 日施行的《中华人民共和国建筑法》第 48 条："建筑施工企业必须为从事危险作业的职工办理意外伤害保险，支付保险费。"

❷ 铁路旅客意外伤害险规定在 1951 年 5 月 1 日施行的《铁路旅客意外伤害强制保险条例》第 1 条："凡持票搭乘国营，或专用铁路火车之旅客，均应依照本条例之规定，向中国人民保险公司投保铁路旅客意外伤害保险，其手续由铁路局办理，不另签发保险凭证。"但是，关于该责任险否属于强制保险，这是一个比较争议的问题。持否定观点的人认为，《铁路旅客意外伤害强制保险条例》的颁布机构为财政部，而非国务院，不能将该条例视作行政法规，故依据《保险法》规定铁路旅客意外伤害保险不是强制保险。这从 2005 年 12 月 8 日发布的《中国保险监督管理委员会关于铁路旅客意外伤害强制保险的复函》中可以得出，现将该文件转述如下："黄金荣：对于你提出的要求我会对铁路旅客意外伤害强制保险进行审查，并撤销铁路旅客意外伤害强制保险的申请，我会进行了认真调查、研究，现就有关问题答复如下：一、我会未在规章或者规范性文件中规定铁路旅客意外伤害保险属于强制保险，也未实施任何其他行政行为要求旅客必须购买铁路旅客意外伤害保险。二、根据我会向中国人寿保险股份有限公司和中国人民财产保险股份有限公司的调查，上述两家公司均不存在通过铁路运输企业向旅客销售车票的方式强制收取旅客意外伤害保险费的行为。因此，关于铁路旅客意外伤害强制保险问题，建议你依法向有关部门进行反映。"资料来源：中国保险监督管理委员会，http://www.circ.gov.cn/web/site0/tab5225/info27755.htm 最后访问日期：2017 年 10 月 19 日。

❸ 煤矿企业必须为煤矿井下作业职工办理煤矿工人意外伤害险，这是我国《煤炭法》的强制性规定，《煤炭法》属国家法律，故煤矿工人意外伤害险为强制保险。具体规定在：1996 年 12 月 1 日施行的《中华人民共和国煤炭法》第 44 条："煤矿企业必须为煤矿井下作业职工办理意外伤害保险，支付保险费。"

❹ 旅行社应当为旅游者办理旅游意外险，这是国务院《旅行社管理条例》的强制性规定，因此，根据《保险法》规定，旅游意外险应属强制保险。具体规定：2002 年 2 月 1 日施行的《旅行社管理条例》第 21 条："旅行社组织旅游，应当为旅游者办理旅游意外保险，并保证所提供的服务符合保障旅游者人身、财物安全的要求；对可能危及旅游者人身、财物安全的事宜，应当向旅游者做出真实的说明和明确的警示，并采取防止危害发生的措施。"

❺ 首先，旅行社应当投保旅行社责任险是在旅游局颁布的部门规章里规定的，而非国务院的行政法规规定，严格依据《保险法》第 11 条来讲，旅行社责任险不属于强制保险。但在保险实务操作中，将旅行社责任保险当作强制保险予以规范。该责任险具体规定：2001 年 12 月 27 日施行的《旅行社管理条例实施细则》第 51 条："旅行社从事旅游业务经营活动，必须投保旅行社责任保险。旅行社在与旅游者订立旅游合同时，应当旅游者购买相关的旅游者个人保险。"及 2001 年 9 月 1 日施行的《旅行社投保旅行社责任保险规定》第 2 条："旅行社从事旅游业务经营活动，必须投保旅行社责任保险。"第 3 条："本规定所称旅行社责任保险，是指旅行社根据保险合同的约定，向保险公司支付保险费，保险公司对旅行社在从事旅游业务经营活动中，致使旅游者人身、财产遭受损害应由旅行社承担的责任，承担赔偿保险金责任的行为。"

人责任险以及公共航空运输地面第三人责任险❶、道路旅客运输承运人责任险以及道路危险货物运输承运人责任险❷、法定再保险❸、工伤社会保险❹、失业保险❺、公众责任保险和企业火灾保险❻、船舶油污责任保险❼、沉船打捞责任保险❽、污染损害民事责任保险❾等几大类，他们都是以侵权私法的运作以及随时准备赔偿损失的私人保险业的存在为基础。强制性保险可以看作是在保留商业保险市场的基础上，所发挥的效果可以和公共赔偿制度相比邻的制度设计。

---

❶ 民用航空器经营者应当投保地面第三人责任险，这是我国《民用航空法》的强制性规定，《民用航空法》属国家法律，故地面第三人责任险为强制保险。值得注意的是，民用航空器经营者可以用相应的责任担保代替投保地面第三人责任险，但二者必须选一。该类责任险规定在1996年3月1日施行的《中华人民共和国民用航空法》第166条："民用航空器的经营人应当投保地面第三人责任险或者取得相应的责任担保。"

❷ 客运经营者和危险货物运输经营者应当投保承运人责任险，这是国务院《道路运输条例》的强制性规定，《道路运输条例》属行政法规，故承运人责任险为强制保险。该类责任险具体规定在2004年7月1日施行的《中华人民共和国道路运输条例》第36条："客运经营者、危险货物运输经营者应当分别为旅客或者危险货物投保承运人责任险。"

❸ 具体规定在《中华人民共和国保险法》（2015年修正）第103条："保险公司对每一危险单位，即对一次保险事故可能造成的最大损失范围所承担的责任，不得超过其实有资本金加公积金总和的百分之十；超过的部分应当办理再保险。"

❹ 具体规定在1995年1月1日施行的《中华人民共和国劳动法》第72条，2002年11月1日施行的《中华人民共和国安全生产法》第43条，2004年1月1日施行的《工伤保险条例》第2条。

❺ 具体规定在1999年1月22日施行的《失业保险条例》第2条、第3条。

❻ 1998年4月29日颁布的《中华人民共和国消防法》第33条："国家鼓励、引导公众聚集场所和生产、储存、运输、销售易燃易爆危险品的企业投保火灾公众责任保险；鼓励保险公司承保火灾公众责任保险。"部分地方性法规将公众责任险和火灾保险规定为强制保险，如1999年12月22日施行的《广东省实施〈中华人民共和国消防法〉办法》第24条、2000年3月31日实行《湖北省实施〈中华人民共和国消防法〉办法》第21条、2002年3月29日施行的《北京市消防条例》第32条、2003年6月26日施行的《上海市消防条例》第53条、2004年7月1日施行的《安徽省实施〈中华人民共和国消防法〉办法》第27条、2005年3月25日施行的《新疆维吾尔自治区消防条例》第32条、2005年11月9日施行的《徐州市消防条例》第22条、2007年12月1日施行的《汕头市消防条例》第39条、2008年12月1日施行的《内蒙古自治区全民健身条例》第33条。

❼ 2000年4月1日施行的《中华人民共和国海洋环境保护法》第66条规定："国家完善并实施船舶油污损害民事赔偿责任制度；按照船舶油污损害赔偿责任由船东和货主共同承担风险的原则，建立船舶油污保险、油污损害赔偿基金制度。实施船舶油污保险、油污损害赔偿基金制度的具体办法由国务院规定。"但该险种可以用财物担保替代。

❽ 2002年8月1日施行的《中华人民共和国内河交通安全管理条例》第20条规定了船舶经营者必须取得船舶污染损害责任、沉船打捞责任的保险文书，即必须投保船舶污染损害责任险和沉船打捞责任险。但值得注意的是，以上险种可以用财物担保替代。

❾ 1983年12月29日施行的《中华人民共和国海洋石油勘探开发环境保护管理条例》第9条规定企业、事业单位和作业者应具有有关污染损害民事责任保险，即必须投保污染损害民事责任险。但值得注意的是，以上险种可以用财物担保替代。

强制性保险因本身强制性效力的存在，因而它从一出生开始制度本身的运行就当然的包含了的政府干预。或者说，它是一种糅合了私人保险、公共赔偿方案等多种制度优势的实现赔偿目标的法律手段。

关于强制性保险相较于普通私人保险的优势，主要是它对于一般私人保险市场中无可避免地"逆向选择"问题的克服，预防出现保险市场失灵的问题。其关键在于，强制性保险以强制的方式将赔偿保证扩展到每一个有资格可能获得该赔偿金的人身上，不像一般自愿性保险的需求会因被保险根据自身可能遭受风险的高低不同选择投保或不投保而发生变动。同时，因为政府的介入，每一位被强制投保的被保险人都能在实际遭受损害后获得赔偿，这样也使得被保险人免于遭受因保险人无力赔偿的风险。

关于强制性保险相较于公共赔偿制度的优势，可以说前者的制度优势恰好大致与后者制度缺陷的弥补相吻合。具体表现为以下几个方面：一是公共赔偿制度中对于高风险的被保险人的"交叉补贴"问题，在强制性保险中得以缓解。因为在被纳入强制性保险类别的这些被保险人之间其自身风险高低上并无太大差别。二是共同赔偿制度中的不合理定价问题而引发的分配不公问题，在强制性保险中也可能得以解决。即以法定的形式允许强制性保险公司以风险评级的方式而弥补可能不公平的定价机制，以此解决公共赔偿中存在的定价扭曲问题。三是关于道德风险的控制问题。强制保险制度，是一种糅合了私人保险、公共赔偿方案等多种制度优势的实现赔偿目标的法律手段，其本身所具有的私人性质并未完全退化，为了使自己更好地适应竞争性的保险市场环境，同时，完全竞争的市场环境也会强迫经营强制性保险的公司主动采取措施以提升自身的竞争力，这就为经营强制性保险的公司重视并着力解决制度中蕴含的道德风险提供了最初始的、强烈的动机。

三、赔偿目标的执行：基于多重视角的分析

论证赔偿的正当性，即确定赔偿制度的目标，本节第一部分已经从多个角度论证了赔偿的正当性，而这里主要是从公共利益、法经济学、私人利益三种视角展开进一步研究，分析多重视角下赔偿目标的执行问题。从不同视

角切入以准确把握赔偿制度追求的目标,有助于提高对于不同法律手段在实现赔偿制度的某一特定目标的针对性,更好地发挥实现赔偿制度目标的不同法律手段的作用。

(一) 公共利益视角的分析

1. 矫正正义

矫正正义实质上就表现为对损害进行的一种补救与惩罚。矫正正义不是受害人私力救济或报复,而是通过诉讼来实现的,即法官通过剥夺不法者的利得和补偿受害者的利失,从而实现将利益得失恢复为均等的状态。矫正正义多数情形下出现在侵权损害赔偿的场合。侵权损害管理中的赔偿主要是针对受害人所遭受的损失的弥补与修复。而且,在多数情形下,都能够明确找到该损害的实际责任承担者。矫正正义给予一个应当由造成损害的实际责任承担者向因该损害行为遭受损失的受害者支付赔偿的道德理由,这就是矫正正义在赔偿中的制度目标。目前,对矫正正义的理解,我们仍然停留在亚里士多德所理解的水平上。正如波斯纳所说:"二千多年来,哲学家们对矫正正义的讨论很少,这个概念基本上还是当年亚里士多德所留下的那样。"[1]波斯纳自己从法理学角度界定了矫正正义:其一,表现为不公行为所伤害的人应当有启动由法官管理的矫正机器的权力;其二,法官不考虑受害人和伤害者的特点和社会地位;其三,对不公伤害的救济。这也正是矫正正义大致的基本思想内含。从维护社会公共利益的角度出发,矫正正义对于每一个作为社会单元的受损个体的利益的重视,正是对于社会整体利益保护的初始动机。

2. 分配正义

在亚里士多德看来,正义分为分配正义与矫正正义,分配正义以存在不平等为基础,要求按优劣进行分配。在奴隶社会,奴隶主与奴隶之间存在不平等,分配正义以维护奴隶主利益为准则,这才是分配正义。亚里士多德这种分配正义,并不符合今天社会的理解,今天分配正义与奴隶社会的分配正义相反,要求对处于劣势地位者以照顾、帮扶,而不是对优势者照顾。"分配

---

[1] 波斯纳. 法理学问题 [M]. 苏力,译. 北京:中国政法大学出版社,1994:395.

的公正，是按照所说的比例关系对共有物的分配。"❶ 在今天，分配正义理论不仅是论证赔偿的正当性的理论基础，同样它更是实践中那些大规模的侵权赔偿、环境损害、医疗事故等涉及公共赔偿方案存在的动因。当然，这些方案针对分配正义目标所实现的程度，依赖于制定这些目标的方式。❷ 损害赔偿制度中体现的分配正义，并不只是单纯地强调对于弱势一方遭受损害的赔偿。

分配正义影响了侵权责任法的改革。比如侵权责任法的发展过程中某些侵权案件的司法处理上，出现了由一般的过错责任向严格责任的转移现象。具体而言，在一个具体的一般侵权损害诉讼构造内，通常是由受害人与被告方（侵权人）之间的两方对抗模式，此时，为什么说这两者之间在损失分配能力上存在差异呢？因为在实践中，诉讼中的被告一方（侵权人）通常可以通过自我保险（self-insurance）的方式在赔偿责任转移到商品或者服务的价格中去。另外，侵权人还可以通过责任保险的方式，将自己造成他人损害的赔偿责任转移给第三人。如建筑施工企业通过为从事危险作业的职工办理建筑工人意外伤害险，煤矿企业通过为煤矿井下作业职工办理煤矿工人意外伤害险，来转移风险。在建筑工人或者在煤矿井下作业职工发生侵权损害后，将原本由企业承担的赔偿责任转移给第三人保险公司。❸

其实，侵权人在采用上述两种方式将自己造成他人损害的赔偿责任转移后，在具体的侵权诉讼中，具体的诉讼构造已经发生了变化，即由通常是"受害人与被告方（侵权人）"之间的两方对抗模式转变为由"受害人（原告方）——侵权人（被告方）——第三人（如保险人）"构成的三方博弈的模式，由于诉讼构造的变化，分配正义在具体的侵权损害诉讼进程中的各个部分的表现均会受到影响，如在具体的责任保险诉讼中保险人负有为被保险人提供抗辩或负担抗辩费用的义务。这是诉讼中的侵权人（被告方）以被保险

---

❶ 亚里士多德. 尼各马科伦理学［M］. 苗力田, 译. 北京: 中国人民大学出版社, 2003: 102.
❷ ANTHONY OGUS. Regulation: Legal form and econmic theory[M]. Portland Oregon: Oxford University Press, 2004.
❸ 像这种以给潜在受害者购买保险的方式实现赔偿的转移的其他例证还有很多, 如通用航空活动地面第三人责任险以及公共航空运输地面第三人责任险、道路旅客运输承运人责任险以及道路危险货物运输承运人责任险旅游意外保险、船舶油污责任保险、机动车交通事故责任强制保险等。

人的身份转移其损失的又一方式。所以，相比较而言，不论是"受害人（原告方）——侵权人（被告方）"两方对抗模式，还是"受害人（原告方）——侵权人（被告方）——第三人（如保险人）"构成的三方博弈的模式下的侵权人（被告方）比受害人（原告方）更容易实现损失的转移目标，在这种情形之下，他们对于要求严格责任的法律、政策等的渴望会更强烈。

（二）法经济学视角的分析

1. 最优注意义务背后的激励机制

损害赔偿法律制度的设计需要考虑对不同当事人注意义务背后的激励，因为这样，除了可以尽可能的提醒当事人以减少人为损害事故的发生，最直接地是能够减少损害成本。损害赔偿法律制度对于注意义务的设定，既不可以过于严苛，也不可以过于松弛，而是需要设定一个最优的注意水平。在这个水平上，至少从理论上可以得出，该注意所耗费的成本能够等于大致根据所减少的事故成本计算而可得的收益，即该注意义务的履行会对事故发生概率的降低具有正面影响，至少两者之间不会不成比例，也即体现出最优注意义务背后的激励机制。这是从风险制造者的角度看最优注意义务背后的激励机制对赔偿目标执行所具有的贡献。同样，受害者如果能够通过注意义务的履行而避免损害的发生或者因注意义务的履行而降低损害的风险，则该激励机制同样适用于受害者一方。因为，在具体的侵权诉讼中，多数情况下，法律对于受害者和侵权行为人（风险的制造者）都规定了相应的注意义务，而双方当事人在现实中对于注意义务履行的程度的不同，最后都会对直接影响其在具体责任承担中所需负担的成本。这也是不同侵权责任在侵权损害赔偿制度中存在的重要价值之一。

但是，如果普通的侵权责任完全被公共赔偿方案所替代，那么，该法律制度背后的激励机制也会立即消失，随之而来的是各当事人，特别是侵权行为人（风险的制造者）对于自身行为的无所顾忌。因为，他知道只要通过支付满足公共赔偿方案中的平均的保险费用，即可实现将自身的赔偿责任转移给保险人。同样，对于受害者也一样，因为侵权责任完全被公共赔偿方案所替代而不再考量其在具体案件中是否履行相应的注意义务，这样一来，使得受害人对于预防自身损害发生的动力下降，因为他也深知，不论自身行为如何最后自己都能够在遭受损害后获得全额的赔偿。因此，一定要注意侵权责任与公共赔偿方案之间可替代性之间的限度，否则损害的注意义务的激励机制就会出现问题。

2. 实施成本与交易成本的考量

侵权损害赔偿制度的实施成本是相当高的，尤其是在必须获得证明过错的证据以及运用司法程序的场合。[1]具体而言，在具体案件的侵权诉讼程序中，要求原告方（受害人）和被告方（侵权人）对相关的侵权事实承担相应的证明责任，就算是在无过错赔偿或者严格责任的情形下，当事人在参与相关司法程序的过程中也需要付出相应的成本。另外，在一般的侵权损害赔偿诉讼中当事人都会尽力采取行动以实现自身利益的最大化，如原告一方的受害人一定会力争实现对自身损害的全额赔偿，为此，他必须通过支出一定费用而求助于专业律师。作为诉讼中被告一方的风险制造者同样会为尽可能地减轻自身责任以付出一定代价求助于专业律师的帮助。相比较而言，公共赔偿方案在具体实施过程中所需付出的成本较为低廉，因为公共赔偿方案作为赔偿目标实现的一种法律手段，其不论是在价值导向、基金来源还是相关赔偿程序设计方面，均不同于侵权损害赔偿制度。

公共赔偿制度设计的价值导向，以环境侵权领域中的公共赔偿方案为例，环境侵权之公共赔偿救济制度是在传统一般民事救济手段对受害人救济乏力或启动国家赔偿救济又无法律依据和因果推定不能的情况下，通过预设的公共赔偿救济中心，以一定的条件为前提，借助于特定的程序机制，实现对受害人之损失予以及时、有效、直接的支付赔偿或补偿的环境责任填补制度。公共赔偿制度中的公共赔偿基金主要通过向与相应风险相关的个人、团体或者组织征税的方式获得。因税收的强制性，而使得充实该公共赔偿基金来源所需的成本大大减少。另外，公共赔偿制度中的相关赔偿程序的运行也较为简便，如支付保费的简易定价机制等。从根源上来看，公共赔偿制度与不同

---

[1] WILLEM H. VAN BOOM, MICHAEL G. FAURE. Shifts in governance for compensation to damage: A framework for analysis[M]. New York: Springer-Verlag, 2007.

侵权损害救济制度在实施成本上存在较大差异，正是因为，"分配正义的目标越是精细，权利规则就越复杂，实施成本就越高"❶。

（三）私人利益视角的分析

1. 损害赔偿中的受害者

从私人利益视角出发，分析不同私人主体在赔偿目标的执行过程中对于实现赔偿目标的不同法律手段的选择，至少在理论上具有重要意义。虽然实践中实现赔偿目标的不同法律手段的选择可能会受到政治因素的影响，甚至由其决定，但多数情况下，最终的选择都饱含着不同私人主体的利益诉求，可以看作是各主体之间博弈的结果。或者说，可以通过公共选择理论❷对相关问题给出合理解释。

对于侵权事故中的受害人在赔偿制度中的考察，首先需要将受害人作"能力欠缺者"与普通的如医疗事故或者环境侵权事故中的受害者之简单区分。能力欠缺者，根据公共选择理论，因本身存在明显的多样化与其他不同主体间共同协作的问题，其在具体的法律制度设计中不一定占据优势。然而，普通受害者，以医疗事故或者环境侵权事故中的受害者为例，首先，这一类的受害者之间即存在同质化的问题，或因指向共同的风险制造者，或因直接共同的侵权责任人，或因同一现实的侵权行为事实，这一切都使得他们之间更容易形成共同协作的关系，以增强"对抗"共同的风险制造者的能力。

---

❶ WILLEM H. VAN BOOM, MICHAEL G. FAURE. Shifts in governance for compensation to damage: A framework for analysis[M]. New York: Springer-Verlag, 2007.

❷ 公共选择理论，是一种以现代经济学分析民主立宪制政府各种问题的学科。公共选择理论存在的争辩主要集中于：效用的衡量准则、社会福祉函数以及投票规则——多数同意抑或一致同意这三个方面。公共选择理论的核心内容之一是对社会福祉函数的研究。对社会福祉函数的研究在相当程度上吸取了（旧）福利经济学到新福利经济学的成果。（旧）福利经济学有三个核心假设：第一，个人福利可以采用基数的形式进行衡量；第二，不同人的福利可以加总，并得到社会总福利；第三，补偿检验。在通常情况下，一些政策会使一些人的福利改善，使另一些人的福利恶化。英国经济学家卡尔多、希克斯等人提出的补偿检验认为，如果受益者在充分补偿受损者以后，还能够有所剩余，那么这种政策就是符合公共利益的。这实质上就是社会总福利的增加。20 世纪 30 年代以后，以罗宾斯、萨缪尔森、希克斯等人为代表的新福利经济学家强势崛起，特别以罗宾斯的名著《经济科学的性质与意义》为标志，对（旧）福利经济学的理论基础——基数效用和人际比较提出了质疑；他们认为效用作为一种主观感受，无法用具体数值来衡量，更不能进行人际比较。总之，新福利经济学主张把福利经济学建立在边际效用序数论的基础之上，而不是建立在边际效用基数论的基础之上。

因此，在损害赔偿相关制度设计中，实现赔偿目标的方式或不同赔偿方案，能力欠缺者会得到较少的照顾或优待，而除了某些特殊情形外，多数情况下普通受害者会得到更多优待。因而私法与公法体系之间的赔偿转移，则是损害赔偿转向给予能力欠缺者一定的优待。

2. 损害赔偿中的风险制造者

损害赔偿中的风险制造者出于保护自身利益，他们会进行一些有利于他们自己的选择。首先，他们必定想方设法降低自己的赔偿责任以减少所需付出的赔偿额。他们根据自己对自身风险高低的预估水平而选择不同的风险转移方案。如与潜在的损害者以签订合同方式约定损害救济，又如选择通过责任保险或者将风险转移到商品或服务的价格上等方式。其次，在具体的损害赔偿程序中，为了降低实施成本，一定会充分利用规则。如在需要订立合同的场合，利用自身的优势更倾向于对格式文本的选择，或者在具体的司法程序中，也能通过一定的方式实现减少自己对于受害人所需支付的赔偿数额。再次，损害赔偿中的风险制造者所选择的上述降低自身对于损害行为所需付出代价的诸多方式，其本质上可以说具有一种被动防御的意味，要想从根源上实现降低自身在损害赔偿中所需要付出的代价，最直接的方式即发挥自身的具体地位优势实现对于损害赔偿救济制度设计的影响，这也是为什么风险制造者通常会因利益驱动而被激发成某项法律改革的原因之一。

损害赔偿中的风险制造者偏爱公共赔偿方案。如在公共赔偿制度中，由于保险费用定价机制不能很好区分风险制造者之间因各自所携带的风险的高低不同，使得公共赔偿方案中存在对于高风险制造者的"交叉补贴"问题。如果我们把风险制造者看作整个利益群体，要求他们在公共赔偿方案与普通的侵权损害救济制度之间进行选择，他们毋庸置疑地会选择前者。再如，假设公共赔偿方案中共同的风险基金池中的基金来源于政府税收而不是由风险制造者缴纳，他们只要通过满足一定条件付出较低代价即可实现对于自身风险的转移目标。

损害赔偿中的风险制造者偏向过错责任。关于普通侵权损害救济制度中的具体机制选择，如在侵权法内部风险制造者对于过错责任、严格责任的态度，也会因自身利益的驱动而有所偏向。在侵权责任法的发展过程中，在某些特定侵权损害领域出现了由过错责任向严格责任的转移问题。从法经济学角度分析，其内在机理也很明朗，过错责任向严格责任的转移后，因使得诉讼程序中原、被告双方的争端减少了，直接的效果即减少了侵权赔偿诉讼中双方的防御诉讼的法律实施成本。同时，因具体赔偿诉讼中的争端的减少，可能会使得风险制造者比过错责任下遭受更多的赔偿案件，使得风险制造者支付赔偿的成本增加。这样一来，与原告方（受害人）相比，风险的制造者在侵权法中可能更倾向于保留过错责任，而且，过错责任存在使得风险制造者将部分或全部风险转移到那些在具体案件中没有尽到合理的注意义务而存在过错的人身上。

3. 商业和职业利益群体

在具体的侵权赔偿诉讼进程中，所涉及的当事主体远远不止原告方（受害人）与被告方（侵权人）这么简单。有一类当事主体在这一过程中也扮演了重要角色，即侵权赔偿诉讼进程中可能出现的商业和职业利益群体。前者，如保险市场中的保险公司，随着风险社会的来临，保险业对于风险预防和保障具有重要的意义。后者，如各种专业问题的第三方鉴定机构、专家证人以及律师等。他们在具体诉讼进程中发挥的效用，既体现了当事人的利益诉求，又代表着自身这一群体的利益。

那么，他们在具体赔偿目标的实现过程中究竟是如何发生作用的呢？先从责任保险中的保险公司说起，在责任保险适用的场合，保险公司在具体诉讼进程中产生的影响是全方位的。首先，保险公司的加入直接改变了传统的"受害人（原告方）——侵权人（被告方）"之间的两方对抗诉讼构造，而转变为由"受害人（原告方）——侵权人（被告方）——第三人（如保险人）"构成的三方博弈的模式。除了会对侵权责任的认定产生事实上的影响，最直接地，即增加了纠纷解决的复杂性，提高了法律实施的成本。更深一层次，则是在责任保险适用的场域，通常情况下在具体的诉讼程序中责任保险人并不是侵权损害赔偿诉讼的当事人，但是，出于向法官表达自身合理诉求的动机，多数情况下责任保险人会积极参与到具体的侵权诉讼中去，产生控制侵权损害赔偿诉讼中被告方（风险制造者）的抗辩与和解，进而影响当事人的诉讼策略。更复杂地是，在普通的侵权损害赔偿诉讼中，通常是由被告方自负费用参加应诉、聘请律师、自行决定诉讼抗辩的策略等。然而，在被告方拥有责任保险的背景下，被告的诉讼抗辩费用应由谁来承担，谁有权控制费用的支出，谁来决定律师的聘请事宜，谁来决定被告的诉讼抗辩策略，都会对侵权损害赔偿诉讼产生何种影响，这是一个值得关注的问题。但是，归根结底，我们在承认保险人的合理诉求的同时，也应对其施以相应的义务，以防止其滥用诉讼控制权。

再如，相比于一般的诉讼争议，多数情形下侵权诉讼对于相关事实证据的认定具有专业技能的需求。这时候，第三方机构或者专家证人在具体诉讼中出现的可能性就很大。另外，不同赔偿制度的选择也会影响对于他们参与诉讼的需求。如在适用过错责任场合的侵权损害赔偿纠纷中，过错责任的认定需要以专业权威的证据作为支撑，或者当事人在参与具体诉讼时需要求助于专业人士以提供有关咨询建议。如果将过错责任替换成严格责任，则相应的专业知识技能的需要会发生明显变化，至少不再如过错责任场合的需求的激烈。

另外，在具体的侵权损害赔偿诉讼中律师发挥的作用更加明显。因为不同赔偿制度的适用对于他们的利益也会产生不小的影响。如在公共赔偿方案代替侵权赔偿的情形下，具体案件中相较于侵权责任适用的场合，对于他们的法律职业服务需求会明显下降。因为公共赔偿制度与侵权责任制度相比，程序的复杂性明显降低，维权的周期也在缩短，相应的当事人所需要付出的法律实施成本也在减少，这其中就包括对于律师提供的法律职业服务的费用支出。

4. 公务员

这里主要是指那些供职于公共服务部门中的人员，如公共赔偿制度中的工作人员。虽然，在他们单个个体身上看不到像事故受害人、风险制造者、律师、保险公司及第三方机构或者专家证人具有强烈的理性人的烙印，即出于"成本——收益"的考量而选择不同的行为模式，青睐于特定的损害赔偿制度，实现自身利益最大化的目标。因为，他们的行为选择或者说提供服务质量的优劣并不当然地与其自身的工资、奖金等收益存在正相关。但在侵权责任制度下，他们所发挥的作用更加不明显，作为一种职业共同体的代表，只有在法庭主动要求或者当事人向法庭申请其加入某一段司法诉讼程序时，如要求在法庭上为某一事实提供相关佐证，他们的行为才会在具体侵权诉讼中表现出来。

第二节　私法赔偿导向公法赔偿的转移

传统上，公法制度和私法制度关于赔偿问题的主要区别在于，私法的制度设计在赔偿问题方面具有个人自主选择和意思自治等特征，这是基于有关平等主体之间的合同、侵权等私法构造。而公法的制度设计在赔偿问题方面具有政府干预、强制性参与、标准化方案应对等特征，即其制度运行多体现极具家长主义的方式。虽然，从当前公法与私法发展趋势来看，两者在很多方面的差异性正在逐渐消失，更多地以一种混合交叉的方式存在，但在一般意义上，对于公法制度与私法制度的区分研究仍然具有时效性和必要性。本节主要通过对私法赔偿导向公法赔偿的转移分析，识别赔偿转移的现象，形成一个总括性的分析和评估框架，为准确把握赔偿转移趋势提供一个理论架构，实现赔偿转移识别的理论化目标。

一、私法赔偿的类型化分析

（一）第一方保险合同

私法赔偿转移的制度设计特别注重凸显对于潜在受害者的个人自主选择和意思自治的价值，第一方保险合同（first party insurance）就是一种典型的私法赔偿转移制度。从政策的视角分析，这种法律构造可以被认定为一种所有潜在受害者的自助手段，即潜在的受害人通过对于自身可能遭受风险概率的自我评估，以合同的方式表达自己的个人意愿，自由选择是否购买保险，以及选择购买何种保险,从而实现分散其个人所需承担风险的方式。从法律属性上看,第一方保险合同实质上仍属于合同法的范畴。

从第一方保险合同可能涉及的险种来看,在实践中其可以囊括涉及人身、财产等类型的险别,如人身险、旅游险、伤残险、火险、水险、意外事故险等。由于这类保险本身所具有的私法属性,从理论上来说,法律也会在最大程度上尊重其中涵摄的自由意志,即只要潜在的受害人具有以第一方保险的方式转移自身风险的需求,然后该保险标的在保险意义上具有可保险性(insurability),那么,潜在的受害人(也即该险种的潜在需求者)在私人保险市场中就大致能够找到相同的或者相近似的险种。也即,对于那些潜在的受害者无法确定避免或者有更好的预防或风险转移策略的这一类风险,只要还满足保险意义上的可保险性,他们就能够选择以投保的方式转移自身所携带的风险。而且,从一个竞争的私人保险市场的角度看,保险人为了维护自己在保险市场中的一席之地,或者说为了占据期望的有竞争力的市场份额,他们也具有开发为潜在的受害人所需要投保的险别的倒逼机制。当然,这必须是建立在法律允许的基础之上。

另外,关于私人保险市场还有一个至关重要的问题不容忽视,那就是"道德风险"及"逆向选择"的问题。同样,在第一方保险领域也需要面临这一类问题。从理论上,我们都期望有一个充分竞争的保险市场,但现实往往不那么令人满意,甚至会令人失望。不过,就算存在一个充分竞争的市场,也并不必然能够完全克服市场中的信息失灵问题。因为,不论是在信息传递还是在信息收集等各个环节,绝大多数情形下,不同的当事主体之间均会以实现自身利益最大化为标准,隐瞒、处理自己已掌握的或者需要掌握的信息,在这一过程中信息不对称问题会被不断放大。简言之,只要信息有价值,世界上就没有绝对的真相。就算如此,第一方保险在私法赔偿中所发挥的作用仍无可替代,也不容忽视,毕竟低估投保的必要性的背后,可能是因未保险而增加的潜在受害人所无法承受的代价以及随之而来解决该问题所需要付出的巨大的社会成本。

（二）合同或侵权责任

如何理解合同或侵权责任？从本质上看，它们属于责任法的范畴，即因合同约定或者侵权行为而必须付出的法律代价。有外国学者认为，它们是因人身伤害或者财产损害而引发的合同或者侵权责任，是建立在一套在所有欧洲法律体系中主导地位的法律规则的基础上的。[1] 显然，它们是私法赔偿的责任来源之一。这里需要探讨的是，从责任法的角度入手，深入剖析对于它们作为第二种损害赔偿转移的私法赔偿规则在实践中的运行机理。

多数情况下，不论是合同责任还是侵权责任，除了当事人私底下以协商的方式解决外，[2] 多数情况下，都需要诉诸法院以司法程序实现该损害赔偿的救济，这时候就需要借助于责任法，以助推诉讼程序进程。这就意味着，在实际赔偿责任转移之前需要为参与诉讼进程而付出较大的成本，具体包括法律实施的成本（涉及责任制度本身的运行、因果关系的认定等）、寻求律师服务的成本（涉及诉讼抗辩和诉讼策略的选择等）、商业和职业服务的成本（涉及证据的认定、相关事实的鉴定等）等。

正因为合同或侵权责任是作为第二种损害赔偿转移的私法制度，需要对责任法有一个全面的认识。

首先，从责任本身来看，责任制度下具体的制度运行涉及多重因素。如在医疗侵权场合，追究当事医生是否需要对病人的损害承担责任时，需要考虑该医生是否具有职业资格，在医疗过程中是否已经尽到了法定的勤勉和注意义务，在医疗过程中是否完全遵照一般专业、安全的操作流程等。而在其他的侵权责任场合可能有需要考虑别的影响责任的因素。这正是由责任本身在实践中需要通过个案处理的运行机制得出司法处理意见所决定的。

其次，责任制的运行还需要建立在因果关系（causation）的基础之上。因为在具体的责任认定过程中，除了对于损害行为、损害结果的认定以外

---

[1] HELMUT KOZIOL, BARBARA C.STEININGER. European tort law [M]. New York：Springer, 2008.

[2] 当然，该种纠纷处理机制具有低成本、高效率、便捷的优势。通常情况下，当事人需要谨慎选择该救济途径，因为纠纷解决的成本虽然降低了，但是一方当事人特别是受害人一方在相应诉求没有当场满足的情形下，可能会面临另一方反悔或者不积极甚至不履行的风险。

（在过错责任的场合还需要认定过错问题），还需要认定行为与结果之间的因果关系问题。即如无特殊规定，在责任制度中需要通过提出相关证据以佐证行为与结果之间发生的高度盖然性问题。而在某些法定的特殊场合，还会要求证据在行为与结果之间的关系达到排除合理怀疑的程度。一般情形下，侵权责任的构成要件中的侵权行为、损害结果、因果关系，通过"谁主张，谁举证"的举证责任制度安排由原告方（受害人）承担，被告方（侵权人）对过错（在过错责任的场合下）、免责事由等承担举证责任。在特殊场合，法律还给与了原告方（受害人）通过举证责任倒置的方式将相关举证责任转移给被告一方。

通过分析，合同责任或侵权责任的私法赔偿转移，主要是通过责任转移和举证责任的转移来转移赔偿的。另外，在这里分析私法赔偿的类型最终的目的是通过对于责任制度的深层次把握，实现对于受害人赔偿问题的解决。在这一过程中，当然的会涉及对于受害人损害的计算问题。虽然对于不同的侵权损害类型具体的对于损害的计算方式不尽相同，但是在责任制度中可以发现一个共通的地方，即私法赔偿中的责任制度通常强调对于损害的全额赔偿（full compensation）。相比较之下，公法赔偿如公共赔偿方案通常只追求对于受害人的适当赔偿（adequate compensation）。说到这，就会当然的引出对于私法赔偿中责任制度所追求的赔偿目标的问题。

关于私法赔偿中责任制度所追求的赔偿目标，一般认为有两点：一是赔偿受害人，二是预防（威慑）损害。在论及私法赔偿中责任制度将赔偿受害人和预防（威慑）损害作为赔偿的目标这一问题时，会产生一个疑问：私法赔偿制度真的能如当初设想的一样很好的实现所追求的赔偿目标？怀疑论者认为，在具体的私法赔偿诉讼中，原告方（受害人）就算在举证责任倒置的特殊场合仍需要对相关事实承担举证责任，而通常在侵权损害赔偿诉讼中处于弱势一方的受害人在现实中的际遇并不会好到哪去，他们很可能仍是社会中处于需要保护的一方，或者在经济等方面需要接受政府救济的一方。这时候需要他们为保证自己在私法赔偿诉讼得到法官的支持支付相应成本（通常数额还不低）而求助于律师或者专家证人或者鉴定机构等。本书认为，怀疑论者是以偏概全的，私法赔偿转移从整体上而言，会更好的赔偿受害人，能够达到预防损害的目的。

综上，私法赔偿中责任制度在赔偿的目的上，既通过行为导向以事后赔偿的方式实现对于受害人的赔偿以及对于不法行为的抑制，又以法律设定的方式以注意义务等规则的设计实现预防损害、威慑行为人的目的。这也是合同或侵权责任作为第二类损害赔偿转移的私法制度所追求的赔偿目标。

二、私法赔偿导向公法赔偿转移的识别

（一）第一方保险合同中的赔偿转移

关于第一方保险合同中的赔偿转移问题，曾经有外国学者做过一个有趣的假设：

H：私人保险市场中通常会不约而同地排斥那些风险过高的保险。

R：吸烟过量者不被允许在保险公司购买相应的健康险。

对于上述假设，或许是对于私人保险市场排斥那些高风险的保险的具体镜像表达。从纯粹经济学的角度看，这是私人保险市场中保险人追求自身利益最大化的行为选择，这当然无可厚非。但是，从政策的角度分析，代表不同利益的主体对此可能存在不同的声音。如关注对于社会弱势群体利益保护的人认为，吸烟过量者同样作为社会中一员，为转移自身因过量吸烟行为而产生的风险，可以被看作是其自由意志的选择，甚至可能上升为一种在法律允许的范围内的自由选择权利，不应当被剥夺。更严重些，假如这些被拒绝的过度吸烟者本身就属于社会中的弱势群体，这可能还涉及社会公正的问题。这时候，那些强调维护社会公共的利益群体，要求给予过量吸烟者与不吸烟者或者少量吸烟者以平等对待，很有可能主张将过度吸烟者强制性的纳入健康险的范畴。而这，正预示着第一方保险合同领域中私法赔偿向公法赔偿制度的转移。

正如同商业保险一样，多数的强制性社会保险并不区分风险的类型。[1]第

---

[1] M. FAURE. The applicability of the principles of private insurance to social health care insurance seen from a law and economics perspective[J]. The Geneva Papers on Risk and Insurance, 1998(4): 265-293.

一方保险合同领域中私法赔偿向公法赔偿制度转移的最终结果，可能是使得过量吸烟者的风险客观化，即将它强行纳入强制性保险领域，这也相当于让社会为他们自身的风险行为埋单。

（二）侵权或合同责任中的赔偿转移

我们都知道，合同或侵权责任从本质上看，属于责任法的范畴。在责任制度中，除了需要对责任本身、因果关系、损害的计算等问题予以重视以外，责任制度中所涉及的赔偿资金的来源问题也是一个不容忽视的问题，因为不论是私法赔偿还是公法赔偿，受害人最终得到的赔偿必须是真金白银。在责任制度中，制度的设计使得受害人所实际遭受的损害（包括人身损害、财产损害、纯粹的经济损失，甚至是生态环境权利的损害等）通过要求造成损害的实际责任者一方承担相应赔偿责任，实现损害从个体到个体责任的转移。但是，在一般情况下，造成损害的实际责任者可以通过事前投保的方式，通过支付相应保费而将自己潜在的赔偿风险转移给了保险公司，这就是前面所论述的第一方保险类型的还原。另外在保险市场中还存在一种第三方保险（third party insurance）的责任保险。这类保险是由个人、机构、企业共同承担以实现对于赔偿风险的转移。关于第三方保险存在的价值，从工具价值上看，它是作为调节责任制度运行的杠杆。从手段价值上看，它又是受害者获得赔偿的手段。从第三方保险存在的实际意义上看，保险理论在责任制度中扮演了重要角色。

然而，潜在的风险制造者并不是在所有场合都能通过上述方式将自己潜在的赔偿风险转移给保险公司的。例如刑事案件中的罪犯，因自身罪过（如偷盗）而导致他人财产遭受实际损害，毋庸置疑，侵权法能够用以解决该损害转移的问题。但是该损害是否能够通过保险的方式予以转移，在实践中，答案应该是否定的。因为，首先，实施犯罪行为的人（如偷盗者）不可能会滑稽地选择去保险公司为自己的此种行为投保。另外，保险公司也不愿意为此提供保险。最后，可能在法律上也不会被允许。简言之，第三方保险无法覆盖到责任制度的所有损害赔偿转移问题。而这，正是实践中需要努力探索在责任制度领域能够替代第三方保险的其他方案的原因所在。而这正是私法赔偿导向公法赔偿转移在责任制度下（具体来说，是责任制度下的合同与侵权责任场合）的镜像。

三、私法赔偿导向公法赔偿转移的评价

（一）社会正义：实施转移的目标及实现

对某一问题的评价存在不同的分析视角和分析工具，这里主要围绕制度转移效果的再认识，评价私法赔偿导向公法赔偿转移问题。在私法赔偿导向公法赔偿的转移过程中需要关注的一个问题是，私法赔偿主体在导向公法赔偿的转移过程中，其实施转移的目标是什么？该问题直接涉及对于政府部门、立法机关、政策制定者、私人主体等期望实施制度转移背后的动机的表达。从最直接的行为动机上看，私法赔偿导向公法赔偿的制度转移是对于私法赔偿制度本身缺陷的弥补。

不论是第一方保险合同中的私法赔偿导向公法赔偿的转移，还是侵权或合同责任中的私法赔偿导向公法赔偿的转移，赔偿转移的最直接的行为动机是对于私法赔偿制度本身缺陷的弥补。虽然，私法赔偿制度本身的缺陷在两者之间的具体表现存在差异：第一方保险合同中的私法赔偿制度本身的缺陷在于，特定情形下，从政策的角度分析，私法赔偿制度并不是总能够实现维护社会公平、稳定的目的。这对于政府部门、立法机关、政策制定者等承担着维护社会公平正义、社会稳定责任的人来说是不能容忍的，他们也有义务防止该现象的发生。然而，侵权或合同责任中的私法赔偿制度本身的缺陷在于，第三方保险无法覆盖到责任制度的所有损害赔偿转移问题。在侵权或合同责任中的私法赔偿导向公法赔偿的转移便是弥补上述缺陷的可行性出路。

（二）经济效益：制度转移的成本、目标及替代性方案

在私法赔偿导向公法赔偿的转移过程中需要面对的其他一些问题也不容忽视。一是私法赔偿导向公法赔偿的转移需要付出多大的成本？这些成本能否承受？二是私法赔偿导向公法赔偿的转移究竟能达到一个什么样的目标？三是弥补私法赔偿制度本身的缺陷除了私法赔偿导向公法赔偿的转移这一路径外，是否存在其他的替代性方案？笼统地回答上述问题可能并不能让人信

服，这里以第一方保险合同中的私法赔偿导向公法赔偿的转移和侵权或合同责任中的私法赔偿导向公法赔偿的转移为例展开。

关于制度转移的成本，首先，需要对制度转移所需要的具体成本进行核算，但要清晰核算出制度转移成本，有较大困难。因涉及对于制度转移之前赔偿制度运行所需要的成本和制度转移之后所需要付出的成本之间的比较，而在具体实践操作中本身对于私法赔偿制度所需要付出的成本就很难得出具体的数据（因为具体个案之间差异性显著）。所以，这里对于制度转移所需要的具体成本核算，是对于维持基本赔偿制度运行所需要付出的成本考量。其次，制度转移成本有风险制造者以外的人承担，有违公正法理基础。比如以政府通过主动干预的方式将过度吸烟者强制性的纳入健康险的范畴实现私法赔偿导向公法赔偿的转移这一假设为例，将过度吸烟者强制性的纳入健康险的范畴，产生的直接负面效果是使得过量吸烟者的风险客观化，即让社会为过量吸烟者自身的风险行为埋单。从维护社会公平正义的角度看，以私法赔偿导向公法赔偿转移的做法虽然不是那么无懈可击，但内含一定的正当性。但这种将弱势群体（如过量吸烟着）因自身行为招致的损害风险强行要求社会承担，不免有骄纵这一类群体的嫌疑。而且，从本质上看，这其实也是一种将个人责任以强制性保险的方式转移给了集体（社会）承担，这时候，个人（真正的风险制造者）似乎并未对自己的行为承担全部责任。因而，寻找更好的可能性替代方案势在必行。

关于制度转移的目标，以侵权或合同责任中的私法赔偿导向公法赔偿的转移为例，虽然保险理论在责任制度中扮演了重要角色，但潜在的风险制造者并不能在所有场合通过保险的方式转移自己潜在的赔偿风险。例如上述论证中刑事案件中的罪犯，因自身偷盗行为而致使他人财产遭受实际损害，但该损害无法通过保险的方式予以转移。对于受害者来说，他只能选择将希望寄托于该罪犯具有一定的合法财产从而能够给付其所应当承担的赔偿责任。然而，这种期盼对于一个盗窃犯来说似乎不太现实。这时候，私法赔偿导向公法赔偿的转移（更准确些说，是私法赔偿导向补偿性的公共赔偿的转移）或许为该问题的解决提供了一种似乎可行的替代性方案。但是，这种赔偿制度转移的设计也存在严重的问题，如私法赔偿导向公法赔偿的转移路径背后面临的最大难题，是该种转移制度的正当性问题。因为这里涉及了公共责任替代私人责任的问题，所以有必要深究这类赔偿是否属于政府职责的范围之内。即如果赔偿制度转移涉及的领域属于政府职责范围之内（如涉及社会保障等问题），那么私法赔偿导向公法赔偿的转移的方式是帮助政府实现维护社会公平、缓解社会稳定压力的有效路径。如果赔偿制度转移涉及的领域属于政府职责范围之外，那么强行的以公共责任替代私人责任，则不利于对损害风险的预防，不利于对实际风险制造者的惩罚以及潜在风险制造者的威慑。也即，当然的与损害赔偿制度本身所追求的目标相悖离。

关于制度转移的替代性方案，其实不论是在第一方保险合同中，还是在侵权或合同责任（责任制度）领域，私法赔偿导向公法赔偿的转移一定是弥补私法赔偿制度缺陷的最佳路径吗？排除存在政治偏好的可能性，假如从学术研究的角度，成本效益、经济效益以及社会效益等分析视角都能为论证上述问题提供一定的思路。正如前文得出的结论，至少从一个较为严谨的学术表达上看，答案应该是否定的。即在未来探索弥补私法赔偿制度缺陷的过程中一定能够发现更优的能够替代私法赔偿导向公法赔偿的转移的替代性方案，但是，至少到目前为止，私法赔偿导向公法赔偿的转移在弥补私法赔偿制度缺陷的作用上仍然发挥着巨大的功效。

第三节　公法赔偿导向私法赔偿的转移

比较公法赔偿和私法赔偿转移制度时，不难发现，公共制度首先从制度设计上看，更多的是对于法律强制性规定的表达。包括具体的公共赔偿基金的来源问题，都涉及相关主体对于法定义务的履行。其制度设计背后的初衷源于私法赔偿制度在维护社会公平正义和社会稳定方面的缺陷。即公法赔偿强调以法定的形式，实现对于社会的"财富再分配"（redistributing wealth）问题。而这对于充分尊重市场主体自由意志，个体自由选择的私法赔偿制度是无法想象的。本节主要通过对于公法赔偿导向私法赔偿的转移分析，识别赔偿转移的现象，为准确把握赔偿转移趋势提供一个理论架构，实现赔偿转移识别的理论化目标。

一、公法赔偿的类型化分析

（一）社会保障

社会保障作为公法赔偿的一种类型，是由于社会保障具有公共转移的性质，它以全民或特定组织的强制性参与为基础。❶以强制性参与为基础，就符合公法赔偿的特征。在这里首先需要界定，社会保障不是社会福利，也不是社会公共安全，这里的社会保障是通过转移收入损失或身体残疾或精神障碍无能导致的收入损失。

社会保障与社会安全不能混淆。❷在最初时，Social Security 被译作"社会安全"，而不是社会保障。刘燕生认为："这种译法应当说更接近英文原来的词义，它指的是国家为了保证全体社会成员的基本生活保障来源的安全而制定的社会政策。选用社会保障的译法，或许是为了避免人们把社会安全混同于社会秩序这种公共安全，即与公民生命财产的安全相混淆。"❸

社会保障也与社会福利有区分，目前，我国经济学界的多数人认为：我们的社会福利概念应与国际社会接轨，需要突破过去把它定位于是社会保障一部分的理论，应当将其还原于应包含的内容与含义，使社会福利的定义涵盖社会保险、社会救济、优抚安置等方面的内容，这样才能扭转把社会福利作为社会保障的一部分，用小概念涵盖大概念，颠倒逻辑关系的处境。反对者则认为："社会福利包罗一切，是由西方'从摇篮到坟墓'无所不包的福利国家演化来的，不符合中国国情。而且，发达国家自身也为高福利的弊端所

---

❶ 威廉·范博姆.在私法体系与公法体系之间的赔偿转移[M].黄本莲，译.北京：中国法制出版社，2012：14.

❷ 社会保障译自英文 Social Security。Social 有"群居之人的""社会的""人与社会之间关系的"之意，其本身就表征着人与社会的关系。Security 有"安全""保障、保证、担保、担保权、保证债券""担保人、抵押品、担保物、保证金"之意，它的每种解释都内含免于危险、获得安全以及公正之意。

❸ 刘燕生.社会保障的起源、发展和道路选择[M].北京：法律出版社，2000：6.

赘，不堪重负，正在改革。将社会保障作为大概念的观点是与我国的国情相符的。"❶

本书认为，社会保障应该与我国国情相适应。我国应该根据自身的经济、社会发展水平及民族、文化和历史特点，来决定我国社会保障的范围、类型以及保障水平，而不应一味机械地照抄照搬外国的制度。另外，在不同国家或者同一国家的不同时期，社会保障的项目、覆盖范围和保障水平也会有所差异，这应当是一个动态的，随着社会生产力、经济发展水平不断从低标准向高标准、从小范围到大范围的不断变化、发展的过程。

作为公法赔偿制度中的一种制度设计，社会保障更是一种综合性的公共赔偿转移制度，因而缺乏赔偿的法律权利的纯粹的社会财富的再分配的方式，如社会福利、社会救济（也称社会救助）、社会优抚均不在这里的定义范围之内。所以，具有赔偿的法律权利的社会保障主要表现为以下两种具体形式：一是以全民强制性参与为基础的公共转移制度，二是要求以特定的对象强制性参与为基础的公共转移制度。如强制性的建筑工人意外伤害、铁路旅客意外伤害险、机动车交通事故责任强制保险、船舶油污责任保险、污染损害民事责任保险、煤矿工人意外伤害险等。通常后一类公共转移制度也被称为社会保险（social insurance）。

（二）无过错赔偿

无过错赔偿（no-fault compensation），是一种与具有赔偿的法律权利的社会保障制度有联系，但又存在明显区别的责任形式。在公法赔偿领域，通常它被作为私法赔偿导向公法赔偿转移的替代性制度。为什么会将它划入公法赔偿的类型化分析内部，原因在于，这里的无过错赔偿强调的是在一些具有较高的职业风险或者社会风险的属于社会保障制度范畴的领域，当从事相关职业的职员因从事本职工作而遭受实际损害，如职业伤害，这时候无过错赔偿在该领域的引入，不仅能够实现对受害者的保护，同时也会尽可能地减少法律实施的成本以及受害者维权的成本，至少能够帮助其从责任制度下繁

---

❶ 郑杭生，等. 社会学概论新修［M］. 北京：中国人民大学出版社，1999：495.

重的证明责任中解脱出来。因而，从这个意义上来看，这里的无过错赔偿相当于在社会保障发生实际效果之前的对受害人的第一道保障。

另外，以职业损害为例，无过错赔偿的引入，虽然能够帮助遭受职业损害者从责任制度下繁重的证明责任中解脱出来，但是仍存在另一个问题，即职业损害适用无过错赔偿以后，会根据赔偿的标准而确定相应的因果关系问题，例如实际遭受的损害是否是在工作期间造成的，所遭受的职业损害是否与职工日常工作的条件有关等。而在社会保障制度中并不会涉及这些问题，因为社会保障的范围、类型，以及保障水平并不会当然的涉及损害行为与损害结果的因果关系问题。这也是社会保障制度在具体实践中相较于无过错赔偿制度的比较优势。

（三）公共基金

不论是私法赔偿中以商业保险、责任制度的方式实现对于赔偿的转移，还是公法赔偿中以社会保障、无过错责任以及公共基金的方式实现对于赔偿的转移，其中赔偿资金的来源始终是一个重要的且必须面对的现实问题。在纯粹的私人保险领域，因为保险人能力的有限性，使得受害人最终无法获得足额的损害赔偿。在私法赔偿导向公法赔偿以弥补私法赔偿无法克服的制度缺陷时，强制性的将个人责任转移到社会（集体）责任上，也会威胁到该种转移制度的正当性问题，其直接的表现即赔偿的费用来自哪里？是风险制造者、税收，抑或政府的财政基金？

实践中存在的公共基金大致包括如：大规模侵权的赔偿基金、大规模灾难的赔偿基金、犯罪伤害赔偿基金、环境污染基金以及其他的公共赔偿基金。另外还有一些兼具私法与公法赔偿性质的混合型基金。首先，这些基金的成立是由法律强制性规定的，而基金组织的运行管理、赔偿事宜的处理等大多是以委托给私人个体的方式。另外，对于基金组织及其内部人员的监督制约则具有公私混合的性质。例如前面所论述的强制性责任保险则属于这一类型。这样的制度安排，一方面是发挥公法赔偿的制度优势实现社会公平、稳定的目的，另一方面也是对于保险公司能力有限问题的处理，防止在特殊情形下保险公司等承接赔偿转移的第三人出现破产的问题。

另一个关键问题，是关于公共基金的筹措问题。为了应对不同风险，保障赔偿能够顺利转移的不同类型的公共基金在其设立时，该以何种标准向不同的基金参与者筹措资金。比如国家强制性的工伤保险基金应当如何向不同参与主体收取资金的问题。从社会性的角度分析，这类的基金应当根据支付能力来收取。因为这类基金设立的初始目标即为了帮助实现社会公平、维护社会稳定，如果不加区分收取一个平均的费用，则可能会与制度设计的初衷相悖离。从一个预防性的角度分析，这类的基金应当根据风险的高低来收取相应费用，因为这样才能发挥制度背后的适当注意义务的激励机制，同时高风险对应的高费用也能够刺激用工企业努力改善职工的工作环境、工作条件等问题，实现对于职工损害事故的预防目标。为了更加合理的解决公共基金的筹措问题，可能还需要优化制度设计，建立一个明确合理的计算模型。总之，公共基金作为公法赔偿的一种重要的方式，在辅助实现公法赔偿目标的过程中发挥了重要的功能地位。

二、公法赔偿导向私法赔偿转移的识别

（一）商业保险中的赔偿转移

第一方保险合同领域除了存在私法赔偿向公法赔偿制度的转移现象外，还存在公法赔偿导向私法赔偿转移的问题。具体而言，商业保险作为一种赔偿转移制度，不仅发生由私法赔偿向公法赔偿转移的现象，又因为保险业本身与公共政策制定者之间紧密的联系，在一定场合下还存在公法赔偿导向私法赔偿转移的问题。

首先，作为一种赔偿转移制度的商业保险要想在整个激烈竞争的市场中顽强地活下来，除了依靠潜在的受害者或者潜在的风险制造者强烈的投保需求以外，更取决于保险公司本身能够为潜在投保人所提供的保险类型（险种）。然而，哪些风险允许投保，哪些风险禁止投保，这并不是完全由市场说了算，而是在很大程度上取决于公共政策制定者或者与保险市场相关的法律法规的制定者等社会公权力的代表所能够给予保险市场的法律上的自由度。虽然各国的保险市场发展程度各不相同，但是多数国家保险市场的垄断特性

却很突出。而某一市场的垄断程度越高，市场中的竞争性就越弱，则该市场中对于新产品的革新就丧失了外在压力。保险市场的发展也是如此，保险市场较高的垄断性在一定程度上会限制保险人对于新的保险产品的研发，进而影响到整个保险业的发展。因此，保险业中的经营者需要和公共政策制定者或者与保险市场相关的法律法规的制定者等社会公权力的代表处理好关系，只有这样才能让他们在制定公共政策或者与保险相关的法律法规时，能够为自己"留一丝生存空间"。

其次，在商业保险市场，除了保险业中的经营者需要和公共政策制定者或者与保险市场相关的法律法规的制定者等社会公权力的代表处理好关系以外，后者在一定情形下也需要前者的协助以更好地履行自己的义务，维护社会公平和稳定。同时，政府为了缓解自身在承担社会责任中的压力，会通过保险业实现公共赔偿责任向私法赔偿责任的转移目标。政府正试图从为维持种类繁多的公共强制性保险运行中承受的巨大经济等方面压力中解脱出来，他们会选择通过制度优化或者政策导向或者法律规定的方式，将某些原本属于公共强制性保险范畴的内容纳入私人商业保险领域，以实现公共赔偿责任向私法赔偿责任的转移目标。例如，政府希望把病假工资这种原本包含在公共强制性保险中项目纳入到私人的商业保险项目中去。

（二）社会保障、公共基金中的赔偿转移

社会保障，作为公法赔偿制度中的一种制度设计，表现为一种综合性的公共赔偿转移制度。但是，这一制度的具体运行过程中，存在公法赔偿导向私法赔偿的转移问题。具体而言，从经济角度切入，社会保障作为一种公共赔偿制度，其在面对变化的市场需求时可能会以一种刚性的状态呈现。因为，公共赔偿制度多以法律强制性规定的方式确立，一种新的公共赔偿制度的诞生或者试图扩大某一公共赔偿制度的范围都可能涉及对于法律规定的修改。从这一意义上看，公共赔偿制度所包含的刚性较强而弹性不足。

例如，在一些国家（如新西兰、英国），高度重视工业事故和职业病中的雇主责任问题，而在前文论述中，这两种责任通常都是包含在公共赔偿制度中的强制性保险范畴之内。然而，公共赔偿制度与第一方保险、责任制度

等私法赔偿制度在赔偿目标上地显著差异（前者强调对于受害人的适当赔偿，后者强调对于受害人的全额赔偿），一方面，出于对受害人保护这一问题的真正重视，政府开始关注这一领域的雇主责任问题，而不只是单纯看到公共赔偿处理赔偿纠纷的高效率；另一方面，这也是政府从繁重的社会保障制度中解脱出来，缓解自身财政压力的有效方式。重视工业事故和职业病中的雇主责任问题，能够激励雇主采取措施提升职工工作条件、工作环境，实现职业健康与安全的法定和行业标准。另外，关于公共基金中出现的公法赔偿导向私法赔偿转移的问题，从实践中存在的大量公共基金向私有化转移的现象来看，从本质上这其实是一种从公共领域退回到私法领域的成本转移。

三、公法赔偿导向私法赔偿转移的评价

对于某一问题的评价，如果期望得到一个较为全面客观的结果，必须遵从一定的逻辑或者按照某一参考性的框架展开。显然，对于公法赔偿导向私法赔偿转移的评价，如果可行，当然可以选择从规范的角度进行评价。但为了追求一个更全面的评价结论，在这里尝试从内在和外在两个方面出发，评价公法赔偿导向私法赔偿的转移问题。

用一个内在标准对公法赔偿导向私法赔偿的转移问题进行评价，就是考察在这一过程中决定制度转移的决策者当初选择实施赔偿制度转移背后的目标现如今是否已经实现？或者实现的效果如何？如果答案是肯定的，那么这也正说明公法赔偿导向私法赔偿的转移是成功的，是值得肯定的。换句话说，其实这种内在的评价标准也正是一种实效性的测试。通过上述在公法赔偿导向私法赔偿转移的识别中可以发现，例如，政府正试图从为维持种类繁多的公共强制性保险运行中承受的巨大经济等方面压力中解脱出来，通过制度优化、政策导向或者法律规定的方式，将某些原本属于公共强制性保险范畴的内容纳入私人商业保险领域，实现公共赔偿责任向私法赔偿责任的转移目标。

用一个外在标准对公法赔偿导向私法赔偿的转移问题进行评价，可以借助于一个参考性的考察框架或者一种规范性的分析。例如，从经济学的角度出发，在规范层面评价公法赔偿导向私法赔偿的转移问题，应该根据效率考

察转移问题，如果该制度转移能够以一个较低的成本支出实现对于受害人赔偿、损害预防（惩戒）的目标，那么这种制度转移在效果上看是成功的。再如，从维护社会公平、正义的角度出发，评价公法赔偿导向私法赔偿的转移问题，需要关注赔偿制度中所涉及的主体是否均得到了平等的对待。当然后一种评价方式存在一定的缺陷，因为在具体的赔偿案件中不同地域、不同当事主体、不同法院等对于社会公平、正义的理解本身就存在偏差，特别是解决赔偿纠纷的法院，他们对于社会公平、正义内涵的认识可能直接影响赔偿问题是否能够合理解决。

第四节　私法与公法之间赔偿的转移因素

从一种制度到另一种制度之间的转移，多数情形下是剧烈的，而这种剧烈的相互之间的转移背后一定存在某种必然的抑或紧迫的原因。本节主要从立法因素、政策干预、利益集团驱动三方面解释影响私法与公法之间赔偿的转移的原因，以全面、完整地形成对于损害赔偿管理中的转移问题分析。

一、立法干预

立法干预，从本质上来看，其实是国家、政府部门、特定群体利益代表等主体基于对于立法现状的不满，通过影响制定法律的内容等方式，实现对于国家公共政策的影响。

例如，责任法中传统的责任制度向无过错赔偿制度的转移。因为传统的责任法体系之下，在涉及人身损害方面，多数场合下普通的责任制度无法实现对于受害者的赔偿，无法在该纠纷领域用传统的赔偿制度实现维护社会公平，进而维护社会稳定的目的。在此背景下，在责任法中主张由传统的责任制度向无过错赔偿制度的转移的呼声日渐清晰，并最终以完善责任法的方式变成现实。

再如，传统的责任制度和私人保险市场均无法应对实践中出现的大规模工业污染、毒气泄漏、核爆炸、石油污染等重大的责任事故。这个时候，在该领域引入严格责任和强制性保险以弥补实践中出现的问题，显得尤为必要。因而，通过干预立法的方式，将严格责任以立法的方式纳入该领域。另外，强制性保险均需要以法定义务的形式出现，因而在该领域纳入强制性保险，也需要干预立法的方式，制定新的法律条文，将该领域的强制性保险法定化。

二、政策影响

将政策影响作为影响私法与公法之间赔偿转移的因素之一，似乎显得不是那么令人信服。因为在多数国家，政治决策的过程都是渐进的。如果需要政治决策在赔偿制度等方面发生迅速而敏锐的反映，通常是因大规模侵权、灾难性事件等严重影响社会不稳定因素的出现使得现有体制漏洞得以显现，同时，也使政府维护社会稳定的需求愈加强烈、紧迫。

以大规模侵权赔偿责任为例，随着现代科学技术的进步，人类对社会生活及大自然的干预范围和能力日益扩大，在这一过程中，因人类自身所做出的不当行为成为社会风险的重要来源，而且，人为的风险逐渐开始超越自然风险成为当代社会风险规制的重点。在此背景下，大规模侵权事故已成为社会生活中的一种常态风险。德国著名社会学家乌尔里希·贝克（2004）[1]在《风险社会》一书中系统阐述了"风险社会"的基本理论，他认为当前社会的核心问题是如何缓解由于创造财富带来的巨大伤害和风险分散。随后，Lahnstein（2004）[2]指出大规模侵权是新出现的责任风险，并对其可保性进行了讨论，并从保险业风险集中和分散原理论证了大规模侵权的可保性及保费设计的可行性，指出大规模侵权事故通过责任保险赔偿是可行的。面对大规模侵权问题，政府出于应对因大规模侵权行为而产生的压力，就会制定相关政策来规制或激励私法与公法之间的赔偿转移方向。

再如，我国生态环境损害赔偿改革，面对生态环境中"企业污染、受害

---

[1] 乌尔里希·贝克. 风险社会［M］. 何博文，译. 南京：译林出版社，2004.
[2] CHRISTIAN LAHNSTEIN.The insurability of new liability risks[J].The Geneva Papers on Risk and Insurance，2004(29)：512-517.

人遭殃、政府买单"的局面，党中央国务院正在进行的生态环境损害赔偿制度改革试点方案及生态环境责任追究办法等，通过相关生态环境损害赔偿的政策规定，把生态环境损害赔由私法赔偿转移到公法赔偿。

三、利益集团驱动

古希腊思想家亚里士多德曾经说过，人天生是一种社会动物。正是这种社会性，使得人类联合起来寻求和维护自己利益的现象古已有之。"利益集团"这一术语，是政治学、行政学、经济学、社会学等学科研究都高度重视的主题，因而它本身就既具有学科交叉性，同时又兼具学科研究的前沿性特点。对于这一概念，有的称之"派别"（Factions），有人称之为"压力集团"（Pressure groups）或"院外集团"（Lobbying groups），有人称之为"特殊利益集团"（special interest groups）。不论称谓如何，它其实就是一个主要通过选举、游说、制裁、联盟、示威和暴力等常见形式，利用政府机构、政党以及公共舆论等实现自身的政治、经济等利益诉求的利益群体的集合。

美国著名政治学家戴维·杜鲁门则说道：利益集团在政治舞台上既非转瞬即逝的新来者，也非国际社会中某国所特有的现象，而是表现出持久存在和广泛扩散的特点，是我们社会中的一个基本因素。❶ 在西方发达国家政治参与中，一个共同的特点是参与公民利益集团都要远远高于参与政党活动。❷ 这说明，"集团活动已经成为发达工业民主国家政治表达的常见形式"❸。

除了以选举、制裁、联盟、示威、暴力等常见形式，借助政府机构、政党以及公共舆论等形式，实现自身的政治利益诉求之外，利益集团在私法与公法之间赔偿的转移这一问题上，他们看到的也许是在侵权责任领域，私人保险业存在的巨大商机，也许是环境侵权领域赔偿转移的迫切需求。同时利益集团本身，也存在利益相互对立的双方。如在医疗侵权中的风险制造者和

---

❶ 戴维·杜鲁门.政治过程——政治利益与公共舆论［M］.天津：天津人民出版社，2005：12.
❷ 加布里埃尔·A.阿尔蒙德，等.当代比较政治学：世界视野［M］.8版.杨红伟，等译.上海：上海人民出版社，2010：42.
❸ 加布里埃尔·A.阿尔蒙德，等.当代比较政治学：世界视野［M］.8版.杨红伟，等译.上海：上海人民出版社，2010：43.

律师，从各自的经济利益诉求上看，他们对于医疗侵权领域对于过错责任和严格责任的态度会截然不同。律师为了执业需求，他当然极力希望有更多的客户（受害者或者风险制造者）主动找上门来。但是，在医疗侵权领域如果实现过错责任向严格责任的转移，那么相应的因为医生存在医疗过失而导致的赔偿纠纷就失去了存在的可能，相应地案件数量一定会显著下降。而对于风险制造者来说，他们一定极力赞成医疗侵权领域实现过错责任向严格责任的转移，因为这样一来，他们就不会轻易成为法律意义上的风险制造者，卷入医疗侵权损害赔偿诉讼之中。

在我国也存在一定的利益集团，他们对我国私法与公法赔偿之间关系产生重要的影响。比如在我国重视生态环境保护之前，地方政府为了发展当地经济，大力招商引资，忽视生态环境保护，最后造成了企业污染，当地老百姓遭殃，由政府买单的情形。对于生态环境的损害，本应该由企业承担的责任，变成了要么由普通大众承担，要么由政府买单的局面。党的十九大后，国家高度重视生态环境保护，也打破了这种局面。

第二章　私法与公法体系之间赔偿转移的比较分析

　　本章主要考察欧美一些国家发生在不同领域的赔偿转移，重点考察英国和德国在对待医疗事故时，采取从责任到连带责任的模式，即从私法赔偿导向公法赔偿的模式。美国和法国在对待自然灾害时，采取社会连带和自我负责相结合的模式，即公法赔偿导向私法赔偿模式。基于我国情势，目前我国未采取与欧美国家相同的模式。如对于医疗事故，我国并未采用与英国和德国相同的赔偿模式，仍坚持私法赔偿模式；对于自然灾害，我国也并未采用与美国和法国相同的模式，而是采用了私法赔偿导向公法赔偿的模式。本章主要比较分析三个问题：一是英国和德国医疗事故中的赔偿转移，即医疗事故是讨论的中心问题，这里主要讨论英国和德国在这一领域赔偿转移的问题。二是美国和法国自然灾害中的赔偿转移，即讨论美国和法国在应对自然灾害中的赔偿转移问题。三是美国和法国从私法责任到替代性赔偿方案的转移。本章研究目标主要尝试从比较分析的视角，集中展开对医疗事故和自然灾害中的赔偿转移问题的分析，这两个转移主要表现为赔偿主体转移。私法责任到替代性赔偿方案转移主要表现为责任转移。

第一节　英国和德国医疗事故中的赔偿转移

本节主要通过对于英国和德国在医疗事故方面的赔偿模式的比较分析，为进一步探索优化我国的医疗事故赔偿模式提供建设性思路。

一、英国医疗事故中的赔偿转移分析

（一）英国医疗事故中损害赔偿的认定

在英国，传统上，医疗事故中的受害者如果想要依靠法律得到自己因医疗事故而遭受的损害赔偿，在责任制度下他们依靠法律赋予的损害赔偿请求权诉诸法院。而法院则依据过失侵权（tort of negligence）的责任制度认定是否支持受害者的诉请。在这一过程中，受害者如果想要在诉讼中获得法官的支持，他们必须提供相应证据证明以下事实："一是存在注意义务；二是义务的违反，以法律规定的标准为基准判断；三是治疗和所受损害之间的因果关系。"[1] 在传统的过失责任制度下，在英国，医疗损害事故中的受害者寻求损害赔偿的请求能否得到法律的支持，关键在于两个问题：一是关于医务人员所需遵守的法定注意义务的认定问题。关于这一问题，具体又包括对于普通医务人员以及外科医生等专业医务人员在医疗过程中所需要注意的不同的注意义务的认定标准问题和对于医务人员在具体诊疗过程中是否违反注意义务的认定问题。前者是法律制定者需要面对的问题，对于后一问题的证明受害人则有提供相应证据证明的义务。二是对于医务人员的过失行为与受害人所受损害之间的因果关系的证明。然而，因为医疗手术等行为本身的高度专业性，使得医疗侵权并不同于一般的民事侵权那样令人通俗易懂。对于本身在医疗事故中就处于弱势一方的受害人来说，不论是对于医务人员违反注意义务的事实证明举证，还是对医务人员的过失行为与受害人所受损害之间的因果关系的举证，都存在先天的举证不能的高风险。这也是过失责任制度下，医疗事故中的受害人在请求赔偿的司法程序中面临的最大

---

[1] DAN PRIEL.Tort law for cynics[J]. The Modern Law Review，2014(5)：703-731.

难题。

过失责任制度下，医疗事故中的注意义务以及因果关系在具体司法诉讼中的表现还要更加复杂。例如，关于注意义务，通常，设定注意义务并不难，较为复杂的是对于具体判断标准的设定。在英国，关于医务人员的注意义务的认定标准，主要采用伯勒姆标准（Bolam test）[1]，随后这一原则在 1981 年和 1985 年被确认。该原则涉及的主要内容包括，在认定医务人员在具体实施治疗行为的过程中，如果能够认定该医务人员的诊疗行为确实符合一个一般而理性的专业医生所实施的正常专业技术要求及应当遵守的勤勉注意义务，那么则可以得出该医务员的医疗行为符合专业技术及相关注意义务的规定，从而否定该医生在本次医疗事故中的医疗行为存在过失。另外，伯拉姆标准中也对于医务人员的告知义务做了相应规定，即在实施具体的医疗行为之前，医务人员应当以一种客观、理性、专业、适当，以及确认能被患者（或者其家属）知悉、理解的方式，将相关的信息及时告知患者（或者其家属），充分给予他们以一定的自由权利选择或者放弃本次治疗，至少在他们必须接受治疗之时能够及时掌握相关必要信息。

关于医务人员的过失行为与受害人所受损害之间的因果关系的证明同样也很复杂。在过失责任制度下，医疗侵权损害中的受害者关于因果关系的证明主要涉及以下内容：一是伤害是由治疗而非潜在的疾病或疾病的自然发展所导致的，二是医学治疗是该种疾病的根源，三是损害并不是细微的。[2] 根据英格兰和威尔士的法律，具体的证明标准采用"高度盖然性"来判断，即"如果医疗导致伤害的可能性与不可能性相比，更具可能性的话，则认为医疗导致了伤害"[3]。此处高度盖然性判断标准的适用，在一定程度上

---

[1] Bolam v Friern Hospital Management Committee [1957] 2 All ER 118. [EB/OL].[2017-10-15].http://www.thefullwiki.org/Bolam_v_Friern_Hospital_Management_Committee.

[2] Barnett v Chelsea and Kensington Hospital Management Committee[1969] 1QB 428. [EB/OL].[2017-10-15].https://en.wikipedia.org/wiki/Barnett_v_Chelsea_&_Kensington_Hospital.

[3] 威廉·范博姆，等.在私法体系与公法体系之间的赔偿转移［M］.黄本莲，译.北京：中国法制出版社，2012：148.

能够缓解过失责任制度下，医疗事故中的受害人在请求赔偿的司法程序中面临的举证难的问题。另外，英国法不允许在因果关系不明确的情况下按比例裁定。❶

（二）英国医疗事故中的赔偿转移

1. 赔偿不发生转移

在传统的过失责任制度下，医疗事故中的受害者在损害赔偿诉讼中存在举证不能的高风险，通常情形下，医疗侵权诉讼需要经历较长的诉讼周期，在这一过程中，受害者如果诉诸法律，依靠司法程序请求赔偿，需要付出较高的诉讼成本。在英国，有关医疗损害赔偿领域的社会保障制度的缺失，使得受害者在举证不能的情形下损害无法转移，关于该领域改革的呼声愈演愈烈。在英格兰和威尔士，医疗损害赔偿制度改革与皮尔森报告（Pearson Report）有关。

这一报告深刻分析了过失责任下英国当前医疗损害赔偿制度的缺陷，并指明了在实际医疗损害诉讼中难以克服的诸如关于过失的认定问题、对医疗损害中受害人的社会保障制度安排的缺失问题、医疗损害诉讼的较长诉讼周期及高昂的诉讼成本问题等。同时还深入分析了未来英国医疗侵权损害赔偿制度改革的方向。其中，对于克服当前过失责任下医疗侵权损害赔偿制度的缺陷，提出了三个可能的制度优化的方案：一是引入举证责任倒置，二是实现从过错责任到严格责任的转移，三是实现从过错责任向无过错（no-fault）赔偿方案的转移。在提出上述方案的同时，也预测了他们的实际走向，报告认为：在医疗侵权领域引入举证责任倒置可能触发索赔案件数量的增多并增加防御性医疗，因而该方案并不被看好；在医疗侵权损害赔偿制度中实现从过错责任到严格责任的转移，也可能造成对于医疗人员的职业要求过于严苛等问题而限制整个医疗行业的发展，因而方案很快被否定掉；关于方案三实现从过错责任向无过错赔偿方案的转移，虽然该方案与前两个方案相比缺陷不那么明显，但是这其中也存在难题，即对于无过错赔偿

---

❶ GREGG, SCOTT.The use of epidemiological evidence in UK tort law[M].New York：Springer, 2013.

方案中具体赔偿额的测算以及支付该方案中确定的损害赔偿的资金来源问题。最终，该报告得出的倾向性结论是，当前，英国医疗损害中的赔偿不发生转移。

2. 次要的程序转移

在英国，有一个专门的机构专业负责处理医疗过失侵权赔偿问题，这就是英国国家医疗服务诉讼管理局（NHSLA）。其致力于对患者和国家医疗服务系统的争端获得一个公平结果，❶该机构努力促成医疗损害纠纷双方在庭外达成和解。其在具体处理医疗损害纠纷过程中采取多种方式提高案件的处理效率：一是通过机构内部的专业索赔人员以及专家小组中的专业律师，确保对于医疗损害赔偿纠纷解决的质量和效率。二是充分发挥机构的优势着力在纠纷双方之间的斡旋，提倡责任者选择时机早日承担责任等。

那么，这样一个致力于对患者和国家医疗服务系统的争端获得一个公平结果的机构（即英国国家医疗服务诉讼管理局）在整个医疗侵权赔偿纠纷处理程序中究竟扮演了怎样的角色？对该纠纷赔偿的实现在实际中能发挥多大作用？其实对于该问题，早在英国卫生部 2003 年所做的一份报告中就大致能得到答案，该报告中肯定了国家医疗服务诉讼管理局在英国医疗侵权赔偿纠纷处理中的作用，报告中指明："……该机构提高了索赔处理的效率"，"……该机构推广更多的调解方式"，"……该机构减少了向国家医疗服务系统索赔的费用"❷等。其实，当前英国医疗损害赔偿纠纷除了在赔偿制度的安排上需要进一步改革，在国家对于医疗损害预防文化上也需要进行改革。

首先从赔偿制度改革说起，当前的医疗赔偿制度在以下几个方面都存在进一步的改进：一是对于医疗纠纷损害赔偿中受害人在司法程序中需要付出的高昂诉讼成本问题的处理，二是具体索赔程序、部门的分散性。如关于索

---

❶ Chief Medical Officer.Making Amends: A consultation paper setting out proposals for reforming the approach to clinical negligence in the NHS[R].Department of Health，2003.

❷ RUI CASCAO，RUND HENDRICKX. Shifts in the compensation of medical adverse events[M]. Vienna：Springer，2007.

赔处理和具体赔偿金的分配，由国家医疗服务系统的卫生局和信托部通过专门律师局部地予以处理，这种制度安排直接延长了纠纷解决的周期以及增加了受害者索赔的成本。

其次，关于对于当前英国医疗损害预防文化的改革问题，这里的问题主要是，传统上医疗损害预防文化倾向于通过对于医务人员行为的严格限制从而降低医疗损害纠纷的发生，但是实际上这背后蕴含着在医疗纠纷领域强调对于谴责个体从业者而降低风险发生的损害预防文化。显然，这种文化背后存在对于就医一方（病人）的过度保护，而造成对于医务人员合法权益的忽视甚至剥脱，而不利于整个医疗事业的健康发展。这也正是英国在医疗损害赔偿纠纷制度改革中需要重视的问题。

最后，国家医疗服务诉讼管理局在英国医疗损害赔偿纠纷制度中的出现，提高了该领域纠纷在进入司法程序之间就顺利解决的可能性，从对于受害者的保护上看，在一定程度上实现了医疗损害赔偿程序中的"次要"程序的转移。

3. 次要的实体转移

在医疗损害赔偿纠纷案件中，英格兰人民可以选择基于医生的过失侵权或者故意侵权而向法院主张要求医生承担违反告知义务的赔偿。但在具体实践中过失侵权和故意侵权所存在效果还不完全一样。具体而言，从一开始，过失侵权就在责任制度下的英国医疗损害赔偿纠纷案件中发挥着至关重要的作用，这也是根据伯拉姆标准认定医疗人员在具体诊疗过程中是否注意到注意义务和告知义务的责任制度。而根据故意侵权，医务人员在实施具体治疗过程中对于就医人员（患者或者其近亲属）的告知义务范围仅限于对医疗性质的告知。而医疗的性质对于患者来说又并不是那么重要，重要的信息应该包括治疗存在的风险以及可能存在的替代性诊疗方案等，像这样的信息才能真正影响到患者对于本次诊疗的是否接受及可能采取的医疗方式。然而这些恰恰不在故意责任制度下的告知义务的范围之内。这也是为什么有人认为，在现代医疗法律中，故意侵权的作用完全退化了，仅仅是在象征意义上禁止

医生完全无视患者的自主权。❶

在责任制度下，医生的告知义务是医生的注意义务中所包含的内容，至少其属于医生一般注意义务标准中的应有之义。因为，判定一个医生是否在他实施诊疗的过程中是否尽到一般、合理的注意义务，一定包括他在实施具体医疗行为之前将相关关键信息告知患者（或者其近亲属）的意思。从这层意义上看，其实这也是对于认定医生注意义务的一般标准——伯拉姆标准的复制。对于即将实施的医疗行为所潜在的风险，哪怕发生的概率极低，这对于患者来说他都有权利知晓，因为只要存在风险发生的可能，就很可能在他身上成为现实，即损害很可能发生。

传统上，英国的法律在这方面的规定给予了医生以适当的选择权，在一定程度上允许医生自行选择将哪些信息告知患者。这种法律导向必然有存在的合理性，因为你无法想象一个毫无意识而又急救的病人，在等待家属了解医疗风险后选择是否采取相关医疗措施的过程中死去。同样，这也是法律在这方面不应当对医生做出过于严苛要求的原因之一。但是，在具体司法实践中，英国上议院的大法官在一个具体案件中的处理中表达了他们新的态度。案件事实的大概是这样的：一个患有马尾综合征的女士在手术前，医生没有将本次手术存在一个发生概率很小（阈值在1%~2%），但结果是可能导致瘫痪的风险告知于她。虽然医生在具体手术中严格专业遵照手术流程等，手术行为完全不存在任何问题，但是最后那个概率很小的风险还是发生了。上议院的大法官在处理这个案件时，他们从公共政策的角度找了支持他们判决的理由，肯定了该女士对于是否选择手术的选择权以及对于医生必须履行告知的义务，并最终支持了受害者的请求。

这其实是从受害者（患者）的权利和风险的制造者（医务人员）的义务角度出发，通过对于受害者（患者）享有是否选择手术的自由选择权的肯定以及对于医生必须在实施医疗行为过程中履行告知义务的进一步重申，尽管这部分实体权利（或义务）的设定与整个医疗侵权损害赔偿纠纷解决过程中

---

❶ DAN PRIEL. A public role for the intentional torts[J]. King's Law Journal，2015(3)：183-208.

涉及的众多实体或者程序相比看似渺小，但其确实从实体的角度实现了对于医疗损害纠纷中的赔偿转移，至少在一定程度上提高了损害赔偿实现的可能性而实现转移。

二、德国医疗事故中的赔偿转移分析

（一）德国医疗事故中损害赔偿的认定

在德国，医疗事故中的损害赔偿权利请求的成立，主要基于医疗过失（Behandlungsfehler）和对患者告知义务（Aufklärungsfetab）的违反。德国的法律为具体实施医疗行为的医务人员规定了职业操作中所应当遵守的注意标准，也称医护标准（Sorgfaltsmaβstab），要求他们在具体行为中履行好作为一个称职、规范的医务人员所必须遵守的医护标准，同时，也依照现代医疗科学和具体医疗行为的要求，制定了医疗领域的国家科学和技术标准，同时根据个案的特殊性实施符合相关规定主旨要求的治疗行为。根据上述标准的具体要求，实施医疗行为的医务人员为患者提供的医疗服务必须符合该领域平均的能够被同业者接受的诸如对医疗风险等信息的充分告知义务、专业治疗流程、技术操作等，不符合或者直接的违反则就可以判定该实施医疗行为的医务人员在本次医疗服务过程中存在过失，一旦认定成立，该实施医疗行为的医务人员则需要对因该过失行为而导致医疗损害赔偿承担责任。

关于实施医疗行为的医务人员在具体操作中所需要遵守的告知义务，虽然对于该义务的性质界定学界仍存在争议。但至少将这种义务视为根据医疗服务合同框架而存在的一种独立义务，或者将其认定为属于医生在实施医疗行为中所需遵守的附属职责，这都是不全面的。该注意义务到底是一种独立义务还是医生的附属职责，这里虽无法定论，但其至少可以基于以下两点而存在：一是基于医疗合同框架内的合同告知义务，二是基于医疗侵权领域的非法伤害。❶

---

❶ 威廉·范博姆，等.在私法体系与公法体系之间的赔偿转移［M］.黄本莲，译.北京：中国法制出版社，2012：174.

其实从患者的角度来看，对于实施医疗行为的医务人员在具体操作中所需要遵守的这种告知义务的实际履行与否，可能直接关系到该患者对于本次医疗服务中具体内容的知情权的问题，如对于本次医疗服务中可能涉及的医疗风险的知悉，对于本次具体医疗行为存在的多种治疗方式的知晓等。同时患者对于这些信息的实际知悉，往往这也影响到患者（或者其家属）是否选择或者放弃实施本次医疗行为，这就关涉到患者（或者其家属）对于医疗服务的选择权问题。当然这是在法律充分尊重患者（或者其家属）这两项权利的基础之上的。

从医务人员的角度看，在某种意义上，挽救患者的生命是医生的天职，如果不加区分的给予医生一个刻板的强制性告知义务，这在那些危机的场合，显然不利于对于患者的及时治疗，提高患者因错过最佳的治疗时机留下后遗症或者直接丧失生命的危险。从这层意义上看，告知义务的具体要求应当根据不同的治疗情形，如紧急与否等，给医生在法律允许范围内的自由裁量，以更好的实现对于患者的保护。

实践中，从判例法的角度看，德国高等法院（BGH）对于实施医疗行为的医务人员在具体操作中所需要遵守的告知义务的规定是非常严格而缺乏弹性的，其只允许实施医疗行为的医务人员在那些因相关信息的告知而可能严重危及患者或者健康的特殊情形下，才赋予实施医疗行为的医务人员隐瞒相关信息的权利。而在具体的医疗损害赔偿纠纷诉讼中，对于告知义务的履行与否，由具体实施该医疗行为的医务人员承担。这样的证明责任的安排，也大大减轻了患者在具体的医疗损害赔偿纠纷诉讼中的诉讼负担。

（二）次要的实体转移

根据上述论证，德国医疗事故中的损害赔偿责任主要基于医疗过失和对患者告知义务来进行具体认定。一旦认定不成立，患者所遭受的实际损害就无法实现转移。为了尽可能的保障受害人在医疗事故中的损害赔偿转移的实现，德国法在相关制度设计上做了特别的安排。具体主要包括"表见证据"（Anscheunbeweis）、相关的举证证明标准问题、"文档瑕疵"（Dokumenttationsmängel）等几个方面。

关于表见证据，其所发挥的功能实际上通过要求医疗服务提供者对于某些不可预见的、非典型的事实承担相关的证明责任，而将受害者的举证责任限定在对于一些可预见的、典型的事实范围之内。这样一来，在很大程度上减轻了受害人在医疗服务侵权损害赔偿纠纷中诉讼的压力，因为通常情况下，受害者在诉诸司法程序以实现对于自身损害转移的目标实现与否的关键在于能够在诉讼中提出佐证自己诉讼请求的有力证据，而通常这些证据一般都因为较强的专业性，以及特殊的留存方式等使得患者很难提供。这种证明责任的安排，实际上对于证明因果关系是不典型的。另外，受害者的举证责任在特定情形下还能够得以减轻，例如，在医疗服务机构因为管理上的失职行为而最终导致患者损害的情形，具体情形如医疗服务机构对于内部医务人员管理的失职，医务辅助人员对于实际操作治疗行为的医疗服务提供者的监督缺失等。这些安排都是尽力在实体上帮助受害人在医疗服务侵权纠纷中实现损害赔偿的转移。

文档瑕疵，其实是对于医疗服务提供机构对于接受医疗服务的患者信息的专业、准确的管理问题。最简单地，如对于患者病例的管理。因为，从对患者健康状况的反映看，病例是对于其自身健康状况在专业医疗服务提供者的诊断之下所做的专业、客观、如实的反映。是患者接受下一次或者下一过程医疗服务行为的重要参考。从证据的角度看，在具体的医疗损害纠纷诉讼中，病例是一份可能决定患者能否实现赔偿转移诉求的关键性证据，因为从中可以看到医生具体实施诊疗的流程、环节，以及效果，从专业的角度判定每一环节的医疗服务提供者的行为是否符合一般、专业的操作流程等。从医生的角度看，患者的病例是其在决定实施某一环节的具体医疗服务行为前，不容忽视的重要的信息，因为只有对于患者目前身体状况的准确把握，以及患者所处的具体诊疗环节的清醒认识，才能最大程度的保证本次医疗行为的针对性和安全性。如果，从患者的诊疗记录里发现治疗服务提供者在某一环节存在严重的过失，此时，相应的举证责任则移转到医疗服务提供者身上。因而，减轻受害者的举证责任，在实体上提高受害人在医疗服务侵权纠纷中实现损害赔偿的转移的可能性。

（三）次要的程序转移

在医疗损害赔偿纠纷案件中，为实现医疗服务侵权中损害赔偿的转移，在程序上德国引入了调解和仲裁。德国的几个邦（Länder）[1]，自1975年就设立了医疗服务侵权领域的调解和仲裁程序。具体实施调解和仲裁的机构，是调解和仲裁委员会，在性质上类似我国劳动仲裁委员会，委员会由一位法官主管，通常包括两位医疗从业者，其中一位是研究医疗不良事故的原因领域的专家。该程序的引入，直接将医疗损害纠纷中的双方当事人从烦琐的司法程序中解放出来，大大提高了纠纷处理的效率。当然，纠纷中的当事人如果对于该机构的仲裁结果不符，可以选择将纠纷再诉到法院。另外，关于医疗服务侵权领域的调解和仲裁程序，和司法诉讼程序是两种平行的救济程序，更多的是为纠纷当事人提供了一种诉讼程序之外的救济路径。

第二节　美国和法国自然灾害中的赔偿转移

关于自然灾害的赔偿，在大多数工业化国家里，基本上能够通过各种各样的公共项目向公民赔偿因严重自然灾害造成的重大人身、财产损害。同时人们也经常指责公共基金资金有限、基金运作缓慢、公共基金分配不公等问题。本节旨在论证两个部分：一是对于自然灾害中的美国应对的分析，在美国模式中，对个人和市场力量的事前依赖，通过政府随后大规模的事后连带而得以完善。二是关于应对自然灾害的法国模式分析，法国重视预防措施与个人行为、市场力量公开与政府介入相结合，因而减少了事故发生后的公共开支。

---

[1] 诸如，Baden-Württemberg、Bayern、Hessen、Nordrhein-Westfalen、Rheinland-Pfalz、Saarland、Berlin、Hamburg等一共16个邦。

一、美国自然灾害中的赔偿转移分析

（一）依靠侵权法和地方政府模式的缺陷

其一，依靠侵权法应对自然灾害的缺陷。在美国，侵权法在损害赔偿中占据着主导地位。与大多数的欧洲国家相比，美国的社会福利制度并不那么发达，对于当事人所遭受的损害赔偿，他们倾向于通过起诉侵权人诉诸司法程序。其实，侵权责任法制度在社会中的高效运行，不仅有利于发挥个人的主观能动性，尽早实现损害赔偿的转移，同时，也有利于发挥公共政策在该领域的实际效用，最终实现维护社会公平、社会稳定的目标。这样一来，帮助受害人损害赔偿转移目标成功的实现就需要依靠一个既程序正当又便利当事人的责任体系。

然而，在自然灾害招致的损害赔偿领域，虽然某些自然灾害也是人为原因造成的，但通常受害人仍无法找到一个明确的侵权行为人而通过侵权诉讼的方式寻求救济。在这种情形下，受害者如果事先购买了商业或者公共保险，则他可以通过诉诸保险的方式以实现对于自身损害赔偿的转移。但如果受害者没有购买商业或公共保险，则自身就要承担自然灾害损失。还有一种情况，自然灾害如果不是人为因素，完全是"天灾"情形下，那么按照侵权责任法，将无法获得任何赔偿。

其二，依靠政府应对自然灾害模式的缺陷。当然面对完全"天灾"的自然灾害情形下，美国政府并不是放任不管，而是建立了美国联邦应急管理局来应对这种自然灾害。美国联邦应急管理局是一个始建于1979年，以独立运行的方式，在地方和州之间从事协调各种灾难的应对措施的机构。一直到2003年美国国土安全部（The Department of Homeland Security）的设立，其才从独立运行的机制中脱离出来。该机制运行的程序要求，发生严重灾害的州政府首长应当在宣布该地区进入紧急状态之时，还应当向总统发出寻求联邦应急管理局救济的请求。显然，失去独立运行权利的联邦应急管理局在解决具体自然灾害损害赔偿问题时，不再如从前那般雷厉风行。因为受制于国土安全部的管理，其在进入因自然灾害引起的损害赔偿问题之前，需要州政府首长向总统提出相应请求。这样一来，其是否最终能够及时进入因自然灾害引起的损害赔偿中去，很大程度上取决于发生自然灾害的州政府首长对于灾害性质、严重性的预测能力。因而，这种依靠地方政府的自然灾害损害救济模式同样存在致命的缺陷。

（二）自然灾害中的赔偿转移中的美国模式

1. 保险市场和政府激励

从前面的论述中也可以发现，侵权责任法，以及完全的地方处理模式无法保障自然灾害中的赔偿转移实现问题。在此背景下，美国形成了依靠保险和政府激励的自然灾害应对模式，以更好的实现自然灾害中损害赔偿的转移问题。

（1）保险市场。关于实现自然灾害中损害赔偿转移的保险模式，主要是指，美国在这方面充分发挥了保险业在应对那些缺乏社会保障而又无法通过责任制度实现赔偿转移领域（也就是这里的自然灾害领域）的救济问题。因为，在私人保险市场中，人们可选择的投保险别有很多，内容具体涉及针对人身、健康、财产等绝大多数的人身性和财产性损害保险。这样一来，人们可以通过对于居住地发生自然灾害的评估情况，为潜在的风险自由选择购买相应保险，从而实现对于自身遭受到损害的转移。同时，私人保险市场的繁荣，从政府的角度看，私人保险市场大大减少了其在相应领域因社会保障制度运行所投入的巨大成本。

（2）政府激励。关于美国实现自然灾害中损害赔偿转移的政府激励模式，需要从一个法令开始说起。这是 1957 年美国国会通过的一个名为《普莱斯——安德森法》（Price-Anderson Act）的法案，该法案旨在鼓励美国核能源领域的私人开发。但是，随后世界多地发生的骇人听闻的核事故，如切尔诺贝利核电站爆炸带来的巨大灾难、三里岛核泄漏事故等，这一切都引起了人们对于该领域投资的高风险的重视。随后，该法案在修正的过程中加入了对于该领域纳入强制性的私营保险方案的要求，同时设立了一个应对紧急赔偿的基金，以更好的缓解人们对于核能源领域的私人开发引发严重事故后的赔偿问题。

关于实现自然灾害中损害赔偿转移的政府激励模式的另外一个重要的例证，是成立于1968年由美国联邦应急管理局管理的名为国家洪水保险项目（the National Flood Insurance Program）。该项目的建立是为了应对实践中私人保险公司不愿意销售洪水险的尴尬，因为洪水灾害的发生具有明显的地域性，在一些洪水高发的地区，当然相应的投保需求则较大，而在一些不容易遭受洪水灾害的地区洪水险几乎没有市场。而这种情况，在缺乏合理定价方式的私人保险市场，肯定不受欢迎。但这一项目在具体运行时仍充分利用了私人保险的优势，即虽然该保险对于居民来说具有一定的自愿选择性，但特殊情形下，由联邦政府在该领域充当保险人的身份，强制性的为洪水高发区的人民提供与洪水相关的可能经济性损害方面的保险。而对于被强制要求投保洪水险的居民，他们需要缴纳的保费可以通过政府的灾难援助贷款或补助金的方式获得。

关于该保险项目的具体运行，联邦政府在接受被强制要求投保洪水险的居民的投保后，会选择为居民向私人保险公司购买相应保险。一旦真正发生洪水灾害而造成损害赔偿问题，收取保费的私人保险公司对于造成的损害先承担赔偿责任，如果受害人在私人保险公司获得赔偿不足以弥补自己的损失，则政府就会介入并补充差额的部分。这其实是充分发挥政府的公共权力职能，一方面将那些不愿意承保洪水险的私人保险公司强行纳入受害人赔偿转移的内容中来，另外自己本身也作为受害人损害赔偿最后的转移对象，最大限度地实现受害人在自然灾害中的损害赔偿转移目标。

2. 政府是损害赔偿转移中的主角

在美国，政府在自然灾害损害赔偿转移中充当的角色可以从联邦政府和各州政府两个层面上理解。正因为私人保险在应对风险能力上的有限性，所以通常需要政府充当主要角色的那些损害赔偿转移中的风险，基本上都超出私人保险市场的能力范围。诸如政府以设立公共基金的方式应对恐怖主义活动、国家洪水保险项目、核事故等，在这些领域大致呈现出由私人保险向公共基金的转移趋势。有人认为，这是政府对于弥补私人保险在应对大规模灾害中实现损害赔偿转移缺陷的有力举措，确保了遭受重大损害的受害人在灾后能够实现赔偿的转移问题。但同样存在反对的声音。反对者认为，某些领域的私人保险向公共基金的转移（如国家洪水保险项目），从本质上看是政府介入随意地强迫公众资助一部分人的危险生活方式。在有些场合，这样反对的声音确实是合理的，如果政府在那些因受害者个人自身危险行为造成的损害赔偿领域，如果实现从私人保险向公共基金的转移，这确实存在强迫公众资助一部分人的危险生活方式的嫌疑。

当然，社会连带责任至关重要，因为对于一些非因受害者自身危险行为，或者更准确地说，在局部特定地域由于一些非人为的无法预见、无法避免的自然原因造成的损害，如洪水、飓风、海啸等造成的损害，在这些领域实现从私人保险向公共基金的转移实属明智之举。而不能以这是强迫公众在资助一小部分人来否定这种制度安排的合理性。另外，自我负责同样重要，不论如何理解，每一个成年人都应该对自己的行为负责，包括对于风险行为所产生的损害赔偿的承担。美国国家洪水保险项目其实正是对于社会连带和自我负责相结合模式的最佳例证之一。

二、法国自然灾害中的赔偿转移分析

（一）法国的社会连带模式

关于自然灾害赔偿转移的法国模式，主要以国家管理和社会连带的提升为基础，与美国模式相近，同样是以集体的连带和个人自我负责的紧密结合而实现对于自然灾害中损害赔偿的转移。在法国，社会连带是一种宪法价值。❶当然，这对于培育国民形成一种积极的社会责任感和使命感具有重要的价值引领作用，同时，这对于增强全社会共同应对重大的灾难损害的能力具有不可忽视的重要意义。另外，社会连带背后其实还蕴藏这强大的社会凝聚力，而这种为提升整个国家精神面貌的向心力，从国家和社会长远发展的角度上看，具有深远的内涵。

但是，过度的强调社会连带同样会带来问题。例如，在法国，法令对于

---

❶ 法国1946年《宪法》序言被现行的1958年《宪法》序言引述："对于全国性灾难造成的费用，所有法国人民彼此连带、人人平等。"详见法国1958年宪法第12段。

公司要求员工的工作时长具有强制性的最高时限（如工作时间一周不得超过35小时），以及对于公司解雇员工有严苛的条件等。这些强调社会连带在劳动法领域的过度体现，会影响公司在市场中的竞争力的提高。同时，对于那些尚未谋得工作的人来说，正因为法令对于公司解雇员工有严苛的条件限制，一旦社会提供的新的就业供给不足，则极易导致其就业目标的落空。而这正是法国社会连带责任模式在实践中存在的严重问题。2003年夏天，法国可怕的热浪致使5000多人死亡，大部分死亡者是老年人，❶法国民众批评责前社会党政府把法定工作时间限制在每周35个小时，从而使得医疗部门人手不足。这也最终成为引发法国公民对于本国社会连带模式的进一步思考的导火索。

（二）法国的社会连带模式之发展

1. 人身性赔偿的转移：从社会连带到一种新的保险机制

在法国，社会保障（Sécurité sociale）作为一种面向全社会的制度保障，在个人人身损害赔偿转移方面发挥着至关重要的作用，因为其承担着大部分个人人身损害赔偿中关于人身损害医疗费用的转移责任。而对于那些在人身损害中死亡或者永久性的残疾的对象，社会保障则为他们提供的是一种最低限度的保障。对于那些在损害中死亡者的亲属或者永久性残疾的对象（或者其亲属等）来说，要想获得足额的赔偿，需要通过侵权诉讼的方式诉诸法律。当然，这种制度设计背后蕴含着对于遭受侵权损害的受害人（或者其亲属等）主动选择依靠侵权之诉来实现对于自身损害的全部转移的激励机制。

完全依靠侵权诉讼来实现对于自身损害的全部转移同样并不那么容易，因为这会让受害者（或者其亲属等）重新卷入到复杂的司法程序中去。正是在此背景下，在2000年一个新的被称为人身意外事故保障的保险机制设立。

---

❶ 新华网（2003年9月11日18：31）："据美联社报道，意大利卫生部11日称，在这次热浪侵袭欧洲的事件中，有大约34 071名老年人死亡，与去年相比热死的人数增加了约4175人。这是意大利在此次事件中公布的首份官方统计数据。在欧洲，法国西南部6月平均气温比常年同期偏高5℃~7℃，持续的高温造成了上万人死亡；瑞士6月平均气温创近250年来的最高纪录。"数据来源：http：//www.sina.com.cn 最后访问日期：2017年10月11日。

关于该保险的具体运行，首先保险人通过收取设计好的较低保费对死亡和人身伤害后果提供全险。不论保险事故是因为什么原因导致的，个人的或者自然灾害甚至恐怖活动等，只要最终的保险事故发生在私人生活领域，保险公司就会向受害人（或者其亲属或者其他关系亲密的人）支付相应赔偿，当然毕竟是保障人身性利益的保险类型，其赔偿规定了最高的限额。但是，与其他的私人保险相比，其已经尽可能地实现了受害人在自然灾害等侵害中所遭受的人身性损害赔偿的转移。而这相对于那种完全依赖社会保障或者通过社会连带责任来实现的赔偿转移模式，这种新的保险方式最大限度地体现了损害中的自我负责。

2. 财产损害赔偿的转移：以法国《保险法典》为例

关于财产损害的赔偿转移问题，在法国，大部分公民可以通过选择购买第一方责任保险的方式转移损害赔偿的问题。从一个世界性的角度来看，世界上几乎很少国家会将房屋这类不动产纳入强制保险的范畴，法国当然也不例外。因为，这明显是一个允许存在公民自由选择的领域。根据法国现行的法律规定，保险公司有义务为自然灾害造成的损失提供保险。而关于自然灾害的界定，法国《保险法典》给出了一个相对确定的含义，即"不具有可保性的直接物质损失，造成这种损失的原因是强度异常的自然力，当防止这种损失的正常措施不能阻止事故的发生，或者根本无法采取措施时，就视为保险法意义中的自然灾害"[1]。但，对于法律规定保险公司对于自然灾害具有提供保险的义务的理解，需要结合《保险法典》中关于自然灾害造成的直接物质损失所具有的不可保险性来理解，通过联系后者不难发现，前面所述的保险公司对于自然灾害所具有提供保险的法定义务不能直接等同于法律将自然灾害纳入了强制保险的范畴。但根据目前法国保险法中关于财产损害中强制性保险的规定，其保险范围由原来的洪水、山崩、雪灾、干旱、严重的暴风雨

---

[1] 威廉·范博姆，等.在私法体系与公法体系之间的赔偿转移[M].黄本莲，译.北京：中国法制出版社，2012：267.

等扩大到了由风暴、飓风和龙卷风❶造成的损害。

在法国，其实对于财产损害保险的强制性承保范围并不局限于自然灾害领域，其也具体包括因人为因素导致的损害。例如，因恐怖袭击或者爆炸造成的财产损害。再如，因工业灾难造成的巨大财产损害。据报道，2001年9月21日法国图卢兹AZF化工厂发生了大爆炸，造成30死亡，2500多人受伤，成千上万的私人房产以及公共建筑被损毁。❷而这一次的工业灾难事件直接催生了政府将工业灾难造成的财产损害纳入强制保险的范畴。因而，法国对于自然灾害中的财产损害赔偿的转移主要是依靠强保险的方式以实现赔偿的转移，而对于其他原因造成的财产损害主要还是通过第一方责任保险的方式来实现的，当然，如果遭受财产损害的受害人所遭受的损害既不属于强制保险的范畴，而其又没有选择投保第一方责任保险，那么侵权法作为其实现赔偿转移的第三条路径。即通过侵权诉讼的方式诉诸法院向相关责任方主张损害赔偿。最后，如果在部分财产损害也不存在直接的责任人，那么其或许可以通过社会保障的方式实现对于自身财产损害的部分转移。

3. 复杂的转移与激励：社会连带与个人责任的结合

在应对自然灾害方面，发展中的法国模式，主要仍以国家管理和社会连带的提升为基础，同样是以社会的连带和个人的自我负责的紧密结合而实现对于自然灾害中损害赔偿中的转移。在其的赔偿体系中，赔偿资金的来源不同于其他国家多以税收的方式募集，其采用收取保费的方式来解决国家赔偿体系中的资金来源问题。这种机制设计的背后可能与其原本发达的保险业发展有着紧密联系。在法国的保险体系中，对于一些保险范围的规定，除了涉及特定的强制性的社会保险、财产保险之外，其他的诸如第一方责任保险的保险范围没有严格的限制。当然，所有的能够投保的事项首先必须满足可保险性，同时也不得存在严重的道德风险。这样的制度安排，在风险社会能够

---

❶ 威廉·范博姆，等.在私法体系与公法体系之间的赔偿转移[M].黄本莲，译.北京：中国法制出版社，2012：268.

❷ 凤凰财经：图卢兹AZF爆炸把"危险工厂"逐出市区[EB/OL].(2015-08-23)[2017-10-11]. http://finance.ifeng.com/a/20150823/139274010.shtml.

发挥好社会连带责任和自我负责在应对种类繁多的各类风险中的各自优势，以紧密的联系和特定领域的结合形成优势互补的联动效果，实现对于自然灾害等损害中赔偿的转移。

与自然灾害所不同的是，在侵权损害领域，受害者通常能够找到一个明确的责任方，这时候受害者本身可以通过侵权诉讼的方式实现赔偿转移的目标，而对于侵权行为人（也就是风险制造者），其可以选择事先投保的方式将损害赔偿转移给保险公司。这对于应对一般损害的侵权赔偿不成问题，但在应对那些大规模的高昂的侵权损害赔偿纠纷时，私人保险市场的能力有限性则会慢慢凸显。在此背景下，再保险应运而生。在法国，再保险，是通过一个国家控制的实体即再保险基金中心（Caisse centrale de réassurance，简称CCR）提供的。该中心通过简单的50%规则，将收取的保费一半用于支付相应的损害赔偿，而另一部分作为一种基金的存在用于平衡所有保险公司在灾难损害中所承保的风险。虽然，该中心采用收取保费的方式来解决中心基金池中的资金来源问题，在特殊情形下也能以请求的方式获得政府的担保。

所有的这一切都表明，不断优化发展中的法国模式，在应对自然灾害等具有较大风险的损害赔偿转移问题时，其在国家管理介入和社会连带责任提升的基础上，通过不同激励机制，以及社会连带和个人责任的紧密结合，实现对自然灾害等重大风险中损害赔偿的转移。回归到赔偿所追求的最初目标，显然，预防和社会连带的实现必须以个人和集体行为的结合为基础，因为这样才能矫正对于竞争法则的扭曲。正如，在大规模的侵权损害面前，完全依靠市场的力量无法实现对于受害人损害赔偿的转移，完全依靠社会连带也不符合社会公平正义，完全依靠个人责任那更加不可能。因此，社会连带与个人责任的结合，或许在优势互补的过程中所碰撞的火花更加绚烂。

在与天灾和人祸的斗争过程中，什么是我们可以借用的力量？法律，也许是高悬的达摩克利斯之剑，以利刃指向个人的、集体的未来！

第三节　美国和法国从私法责任到
替代性赔偿方案的转移
——以出生缺陷的赔偿为例

出生是有风险的。❶ 统计显示，在我国每年约 2000 万的新生儿中，约有 100 万出生缺陷儿，发生率高达 5% 左右。出生缺陷已经成为我国的重大公共卫生问题，不仅对儿童的成长、家庭的幸福会产生重大影响，与国家经济成本的支出、医药科学的发展、环境保护、保险制度的完善、法律的制定和修改、地区的稳定等社会的各方面因素都息息相关。为了降低出生缺陷，基因检测与遗传咨询是降低出生缺陷发生率的有效手段。然而，在复杂的产前检查和生产过程中，因医生和医院的责任而造成的出生缺陷案例不胜枚举，主要分为以下几类。

一是在生产过程中，因为医生不具备必备的能力而没有采取行动或者做出反应，引起的并发症。二是在怀孕期间，医生可能诊断错误，没有发现并发症的早期症状，甚至没有发现严重的基因缺陷。发现后一种情况时父母可能会主张，如果他们早先知道这些缺陷，他们就会终止妊娠。三是在确诊断出缺陷后，医生没有按照父母的要求正确地终止妊娠，致使不想要的残疾儿出生。❷

因此，为了缓解上述出生缺陷对缺陷儿童家庭所带来的沉重负担，构建科学完备的医疗风险分担机制和切实可行的医疗损害被害人救济制度对于缓解各国医患关系、构建完备的医疗秩序都具有重要意义。

---

❶ 本书所讨论的出生缺陷是指：凡出生时就有外表的、内部的结构异常或功能异常，如兔唇、腭裂、先天性心脏病等为结构异常，盲、聋、哑等为功能异常。至于由先天性因素引起的自闭症等心理缺陷是否属于出生缺陷，也应在此涵盖范围内。

❷ 威廉·范博姆，等.在公法体系与私法体系之间的赔偿转移[M].黄本莲，译.北京：中国法制出版社，2012：180.

一、美国出生缺陷的特定转移

美国弗吉尼亚州与佛罗里达州分别于1987年、1988年颁布了《与出生相关的神经损害赔偿法案》。依据该法案，新生儿因分娩过程中缺氧或者机械损伤致大脑或者脊髓受损而导致重度残疾的，由出生损害赔偿基金向患儿支付一定数额的赔偿金，使患儿获得终身的照护，而无须证明医师对于损害的发生存在过失及因果关系，从而可以免于诉讼之累。美国弗吉尼亚州和佛罗里达州的《与出生相关的神经损害赔偿法案》主要内容基本相同，以下以弗吉尼亚州为例作一介绍。

（一）立法背景

20世纪80年代，美国先后发生过两次医疗责任保险危机。患者对医生提出的诉讼案件大量增加，法院判决赔偿的金额也大大提高，这直接导致医师责任保险费用的上涨。当时主要承保医师责任保险的三家保险公司拒绝经营妇产科责任保险市场，不愿签发新的保单。很多产科医师因难以负担巨额的保险费用而不得不放弃执业。在此情形下，社会各界逐渐认识到以传统的侵权责任法和医疗责任保险制度来应对医疗事故纠纷的局限性，并希望探讨有效化解危机的方法。

面对产科护理人员的大幅下降和针对产科医疗索赔数额大大高于其他医疗专业的平均索赔水平，弗吉尼亚医学会提出了从过失责任制度到无过失赔偿制度的改革方案。1987年，弗吉尼亚州颁布"与出生有关的神经损害赔偿计划"（简称"弗吉尼亚计划"），注意该计划是在美国深陷保险危机的医生努力游说下通过的，而不是为困顿中的家庭而实现的。

（二）补偿的范围及对象

根据弗吉尼亚州出生伤害补偿计划，对于因出生所致的脑神经伤害，如果新生儿医师及出生医院参与了该无过错补偿制度，就可提出补偿申请。该计划是这样运作的：在加入该计划的医院里分娩婴儿，未来的父母们就自动放弃了对分娩过程中的伤害提起民事诉讼索赔的权利。如果小孩在出生过程中神经受损，则适用该计划。对过失误诊遗传缺陷所引发的赔偿排除在计划之外。该计划实施后，责任风险的可保性大大提高。同时，该计划补偿所有医疗费用、保健和护理残疾儿童的费用和必要的特殊住宿费用。但计划禁止索赔非金钱损失、惩罚性损害赔偿或父母遭受的金钱损失。❶

（三）运行主体及程序

根据弗吉尼亚州出生伤害补偿法，建立与出生相关的脑神经损伤赔偿基金（Birth-Related Neurological In-jury Compensation Fund，简称 BIF）来实际负责无过错补偿制度的运行。BIF 由 9 名委员组成，但是审理和裁决赔偿申请并非由 BIF 决定，而是由弗吉尼亚劳工赔偿委员会负责，决定是否应给予补偿。申请人如对弗吉尼亚劳工赔偿委员会的决定有异议，可向弗吉尼亚州上诉法院提起上诉，但上诉法院的审查权限仅止于审查劳工赔偿委员会适用法条是否错误，劳工赔偿委员会对于是否符合补偿金的要件具有最终决定权。❷

起初，与弗吉尼亚州一样，美国佛罗里达州也把赔偿申请的裁决权授予了劳工赔偿委员会，劳动争议案件与出生缺陷医疗事故的相似之处在于，受损方放弃诉讼权利，通过行政程序处理以使救济更加有保障。然而，事实上两者有着显著不同，就劳工赔偿制度而言，如果雇员在履行职务的过程中遭受损害，他无须证明其他的事项就可获得赔偿。而出生损害赔偿计划则不同，除了患儿是在分娩过程中遭受损害这一事实之外，还必须证明患儿的损伤是由于缺氧或者机械性损伤所导致。因而，佛罗里达州后来通过立法修正案，将裁决权授予行政听证司，由其专门管辖。

在弗吉尼亚州，对于劳工赔偿委员会是否能胜任此项工作，一些人是持怀疑态度的，在他们看来，劳工赔偿委员会的专员虽然有丰富的劳工赔偿工作经验，但是其对复杂的待产期临床信息做出评判的能力是有所欠缺的，劳工赔偿案件与涉及出生损害的案件无论是在医学方面还是法律方面都有着本质的区别。

---

❶ 威廉·范博姆，等.在公法体系与私法体系之间的赔偿转移［M］.黄本莲，译.北京：中国法制出版社，2012：187.

❷ 刘兰秋.域外医疗损害无过失补偿制度研究［J］.河北法学，2012（8）：157.

由于美国弗吉尼亚和佛罗里达州都将裁决权授予了非医学主体，因而在裁决的过程中，都离不开医学专家的协助。在弗吉尼亚州，由三大医学院的院长，依据劳工赔偿委员会提交之案件的具体情况，从产科、儿科、儿科神经病学、新生小儿科、物理治疗学和康复医疗等相关领域中选出三名符合资格并且公正无私的医学专家，组成医学专家小组，负责提供相关案件的医学报告。在佛罗里达州，则由两位专家（一位是产科医师，一位是小儿神经科的医师）向行政法官出具专家意见。但是医学专家的意见只是建议性的，对裁决者而言是没有约束力的，尽管实际运行过程中，这些医学专家的意见常常非常具有说服力，甚至对裁决结果具有决定性的作用，尤其是在佛罗里达州。

（四）资金来源

弗吉尼亚计划的资金主要由医生和医院根据评估的数额按年度缴纳，普通税收不是该计划的经费来源。评估不依据经历等级，即医生和医院的支付比例与一个特定的医院或医生所牵涉其中的不良事件的数量无关。由于该计划规定，受害者获得赔偿，不需要证明医生一方有过失，这就意味着，更多的出生缺陷案件能够获得赔偿。该计划与过失制度相比，有更多的资源使得更多的家庭获益。[1]

二、法国出生缺陷的赔偿转移

（一）建立背景

法国对于出生缺陷医疗事故的赔偿责任转移起源于2000年的佩吕什案。原告佩吕什太太在1982年怀孕期间，由于医院的产科医生及医疗实验室并未验出她患有麻疹，因误诊而导致佩吕什夫人的孩子有可能患有天生残疾，从而使她错过了流产的时机，致使其婴儿一出生便失聪并近乎失明，于是她告上法院请求赔偿。案件缠讼十多年之后，法国最高上诉庭终于判她胜诉。

---

[1] 威廉·范博姆，等.在公法体系与私法体系之间的赔偿转移［M］.黄本莲，译.北京：中国法制出版社，2012：188.

上诉庭在判决书中指出，佩吕什太太若早知道她的胎儿会出现问题，她是可以考虑终止妊娠的，但由于医生及医疗实验室的错误，剥夺了她在这方面的自由选择权，她由此而蒙受的损失，是应该获得赔偿的。

不过，最高院的这一决定引起了法国医生、神职人员、政治家、反堕胎活动家等的公愤。反堕胎组织立即做出抨击，指责判决等于鼓吹"优生学"，同时亦等于否定有残障的人的生存价值。医学界亦担心这次的判决会产生严重的后果，尤其在一些不能百分之百确保儿童安全的情况下，便会导致医生倾向采取终止妊娠的决定。另外，亦有可能令同样的诉讼不断出现。在法院判决后，许多残疾人向法院起诉，希望对自己的父母或产前检查医生对自己做出赔偿。这样就引起了一阵赔偿的浪潮。

（二）运营方式

在这种社会思潮背景下，《2002年3月4日有关患者权利和健康体系质量法》（以下简称《患者权利法》）得以实施，该法排除了类似佩吕什案中的医疗过失责任。法国《患者权利法》的这一重要改革在第一条就申明。

（1）任何人不能仅因出生之事实就主张遭受了出生的损害。

（2）因医疗错误而出现出生缺陷的人可以要求全额赔偿，只要该错误直接导致了残疾并使其恶化或积极阻碍其缓解。

（3）妇产科医生或者医疗机构因疏忽大意的过失而没有发现残疾，父母可以要求他们承担物质及非物质损失（基于父母的自治性和他们选择堕胎的权利受到侵犯的事实）。抚养残疾儿童的特殊费用不能向责任方索赔，这些被认为从国民连带责任中予以赔偿。❶

但是并非所有的出生缺陷医疗事故都可以向国民连带进行主张赔偿。对于因医务人员或医疗机构的医疗过错而导致的事故，采取过错责任原则，并主要通过医疗保险来获得赔偿；对于非因医疗人员或者医疗机构的过失导致的损害，单纯由于医疗风险导致的损害，从国家连带中获得救济。即法国建立了一个以国家赔偿为基础的医疗事故损害赔偿基金，授权国家医疗事故赔

---

❶ 威廉·范博姆，等.在公法体系与私法体系之间的赔偿转移[M].黄本莲，译.北京：中国法制出版社，2012：190-196.

偿署对其进行管理。

但是由于施行后法国出现了严重的责任保险危机（虽然目前没有查出二者间有无必然的因果关系），因此于 2002 年 12 月 30 日法国颁布了对此前 2002 年 3 月 4 日《患者权利法》的修改和完善。2002 年 12 月 30 日《患者权利法》规定，只有直接导致的永久性残疾超过法律规定的固定比例但不高于 25%，则这类医疗事故的赔偿应该从国民连带中得以支付，低于这一比例的伤害，患者只能主张过失情形中的职业责任。此外，在医院内感染和医疗风险的受害人要么向国家医疗事故赔偿署申请全部赔偿，要么向医疗机构、医生和其责任保险机构索赔，这也取决于残疾程度，即是否低于或者高于 24% 这一标准。

由此可以得出，法国的医疗损害赔偿制度中，损害的救济取决于伤害的原因和时间：由于过失误诊而生来具有出生缺陷的孩子，与健康出生、出生后因医院内感染而严重残疾的孩子救济的途径是不同的。这种区别对待有利于减轻国民连带的压力，对医疗过错有一定的威慑作用，同时又不至于导致由预防性治疗导致的限制医疗技术发展的问题。

三、激发转移的因素

从责任到连带责任或替代性赔偿方案转移，原因是多方面的。面对严重医疗责任事故，经过美国医生的游说，弗吉尼亚州和佛罗里达州进行了改革。法国的责任法表现出对受害者的仁慈，对不法行为人的严厉，同时法国又抑制司法的能动主义，从而导致了责任向连带转移。归纳美国和法国等国从责任到连带的转移，其原因有以下几个方面。

（一）保险的作用

在美国，提前诉讼的绝大部分人身伤害索赔都由法律强制性规定必须投保责任保险。责任保险的本质，在于其是一份协议，由保险人同意在收取保费后，对被保险人的损失进行赔偿。保险的目的是保护被保险人免受某一偶发事件的影响。从被保险人的角度看，责任保险是一种保护装置。从原告的角度看，责任保险是一种重要的确保受到他人侵权伤害的人获得补偿的

方式。❶

第一方保险与侵权责任相比，有很大不同。一是第一方保险几乎完全是任意的。如在大部分领域，购买第一方保险的人能够选择所希望的保险范围及其金额。法律一般不强迫某人对其生命、人身、收入能力或财产向私人保险业者投保。二是赔偿的方法通常依赖于所丧失的情况。即保险赔偿主要基于资本资产的损失进行赔付，且通过一次性付清的方式偿付或者通过定期金方式偿付。侵权制度下的赔偿不仅仅是资本资产的损失。三是不提供"全额赔付"。保险范围的金额通常是任意的，但许多类型的保单均有保险金上限，甚至有一些情况下，还有免赔额或可扣除额。四是被保险人的过失常常不影响第一方保险请求。❷ 正是因为第一方保险的任意性和不强调过失，故给一般人投保提供了便利之门。

在欧洲，引发转移和建议从责任向一些替代性赔偿方案转移的根本原因，可能是责任保险市场固有特性导致的。据考察，产科和妇科医生在与治疗有关的伤害与损害的可能性方面，要比其他医生高很多。这意味着保险公司承保产科和妇科医生的风险池要比平均医疗风险池昂贵很多。这会导致两种结果，要么保险公司不愿意承保产科和妇科医生的风险，要么要求其支付更高的保费。如果让医生或医院承担医疗事故保险，医院会把保费成本转嫁到患者身上。但卫生保健费用的公共管理通常会限制其提高治疗费。到目前为止，无法找到一个完美解决办法，一方面不能摈弃责任保险，也不能接受保险公司对产科和妇科采用分离原则，对产科和妇科单独造一个风险池；另一方面也不允许减少妇产科保健的实用性。为此，找到一种折中方案，即接受损害赔偿范围内的上限。

（二）医生对责任制度的不良反应

在传统责任制度下，欧美医疗界对不断增长的责任压力持反对意见，其

---

❶ 彼得·凯恩.阿蒂亚论事故、赔偿及法律[M].王仰光，等译.北京：中国人民大学出版社，2008：239.

❷ 彼得·凯恩.阿蒂亚论事故、赔偿及法律[M].王仰光，等译.北京：中国人民大学出版社，2008：308-310.

认为目前的"防御性医疗"就是这种压力产生的结果。这种结果即是医生对责任制度的不良反应。也有一些人认为"防御性医疗"与责任制度没有必然联系，其理由在于，大多数欧洲法律中，对医疗过失的判断，是以医疗专业标准本身而不是律师决定，而专业标准通常是同行制定且医生实务群体都接受的标准，法律仅仅是将同行的发现转换为责任。

虽然过度防御性医疗与责任制度因果关系存在疑惑，但不可否认大量的责任威胁和法院在医疗事故纠纷中的地位，仍然让医生产生一种扭曲的观念。同时，责任保险费每年剧增，以及在众多医疗纠纷司法案件中，可以看到患者地位有着显著的改善，医疗纠纷索赔数量的激增，这些都放大了医生对责任不断增长的风险。以至于相当多的医生、政治家和说客坚信，责任制度是一个妨碍，干扰了医生的工作，过多的威慑正阻碍着良好的临床实践。

医生对责任制度不良反应之二，责任制度对医生不能产生很好的激励。如一个有能力的医生在面对患者时，虽然有能力挽救患者，但偶尔犹豫有一定概率的风险手术，责任制度不能提供最佳的事前激励，反而会在事件发生后骚扰和困扰他。

如果把医生责任进行转移，也许是一种比较好的解决办法。如把医生对个人不可能避免的事故承担的个人责任转向医院和卫生保健中心承担企业责任。这样法律不在孤立地对待医生个人的过失行为，而是关注无法避免人类错误的机构失灵。这促使组织或机构加强改善护理质量、控制风险和避免伤害。因此，责任法在一定程度上关注到了组织在预防伤害和吸取不良事件教训方面发挥了重要作用。❶

（三）家庭的需要

当一个家庭遇到不幸的医疗事故，家庭希望与相关的医生和工作人员进行公平和公开的交流。一是他们希望获得医生的同情。二是他们希望对事故进行公正调查，向他们解释什么出了错以及为什么会出错。三是他们想避免悲剧重演。如果伤害是可以避免的，他们会采取行动，以此避免悲剧重演。

---

❶ 威廉·范博姆，等.在公法体系与私法体系之间的赔偿转移[M].黄本莲，译.北京：中国法制出版社，2012：210.

儿童和家庭同时还希望他们的经济需要能够得到满足。因出生医疗事故导致残疾儿童，他们父母需要连续照顾，那么就需要对孩子需求和发展前景进行评估，并根据变化进行调整。如果存在过失，责任法会要求给予全额赔偿。但目前而言，赔偿主要着重于经济补偿，而不包括非金钱损害赔偿。

四、对从责任到连带的转移评析

责任制度不仅仅是为了让"不幸福的少数人"获得赔偿。事实上，据统计"不幸福的少数人"从责任制度中获得的赔偿都是无足轻重的。因为向医生成功索赔的儿童和家人，远远低于那些有基因缺陷、因产前疾病或产后伤害致残却无人承担责任的儿童数量。

责任制度从长远目标看，主要是能够减少事故和伤害数量。如果责任制度不能够有效地减少错误的发生，应该改进这一制度。如从责任到连带责任的转移。在欧美一般确信其他机制能够提供较好地预防激励。比如卫生保健监督、刑法和纪律规则等。从责任到连带的转移，一是可以促使发展第一方保险，投保人可以是受害人、也可以是医生或医院；二是可以促使医院加强纪律规则，促使卫生保健中心加强监督管理。这些措施在一定程度上可以起到预防作用。

从责任到连带的转移，体现了分配正义、社会连带和机会平等的理念。面对出生有缺陷的儿童和他们的家庭，按照连带责任，一般不考虑是自然原因造成的还是人为造成的，给予赔偿，在减轻受难家庭的负担，也为他们事先没有保险的不良事件提供保障，这些则体现了分配正义等理念。

从责任到连带的转移，也不能完全预防和减少因医生治疗导致的出生缺陷，还需要重视企业责任、评估错误所在、从错误中学习等强制性要求。目前的责任制度不能评估错误所在，并从错误中学习，而仅仅是让律师从错误中盈利。因此，在考虑责任的替代方案时，一是要考虑这些替代方案是否足够预防伤害发生。二是要认识到对本来可以较低成本避免的伤害进行赔偿，是一个次优的解决方案。

第三章　我国法律体系下赔偿转移的实证分析

在第二章中，分析了西方在自然灾害、医疗不良事件中存在的赔偿转移现象。本章将探讨在我国出现的赔偿转移现象。在自然灾害事件上，我国并未采用与美国和法国相同的模式，而是采用了私法赔偿导向公法赔偿的模式。在医疗事故上，我国也并未采用与英国和德国相同的赔偿模式，而是采用私法赔偿与社会保障相结合的方式。在大规模侵权事件上，我国采取了自我负责和连带责任相结合的方式。在食品安全责任事件上，我国在一些省市实施了食责险和食强险的试点工作，把食品安全责任中一些风险转移给保险市场。在生态环境损害赔偿领域，《环境保护法》中规定了国家鼓励投保环境责任保险。

从上述现象中，我们看到在我国私法与公法体系之间是存在赔偿转移现象的，其体现在医疗事故、大规模侵权、自然灾害、食品安全责任和生态环境损害赔偿等领域。

第一节　我国医疗事故中的赔偿转移

近年来，人们从不同渠道看见医闹行为，以及医疗事故给患者带来的困扰。在医疗诉讼案件不断增加的同时，医疗事故的解决结果却不能让当事人双方满意，如何维护二者的权利义务，既能让医院积极治疗，又能保障受害者的合法权益，一直都是学术界关注的问题。

虽然《医疗事故处理条例》和《侵权责任法》在解决医疗损害赔偿案件中有着积极的作用，但是在实践中仍然遇到很多问题。如在处理医疗事故中医疗机构不愿意过多的披露专业信息，导致信息不对称，患者因信息不对称，不愿意选择法律手段维护合法权益，而选择医闹。再如医疗事故损害要么医院承担要么患者自身承担，医院为了避免医疗纠纷损害赔偿，往往采取"防御性医疗"。本节主要围绕这个问题展开，探讨通过医疗事故损害赔偿的转移，把损害赔偿转移给保险市场或医疗基金等，这样既可以减少医疗纠纷中医闹行为，又可以防止医院的"防御性医疗"。

一、问题提出

2014年10月9日，蓝某驾驶一辆奇瑞轿车与卢某驾驶的两轮摩托车相撞，造成卢某受伤，两车损坏。事故发生后卢某被送往龙江县第一人民医院进行救治，经诊断为：左股骨中下段粉碎性骨折、右股骨中下段粉碎性骨折，住院治疗11天，花费医疗费37 231元。后因卢某左下肢深静脉血栓形成，双下肢骨折术后切口感染，在齐齐哈尔第一医院住院治疗22天，花费住院费14 044元。2015年5月12日，经齐齐哈尔市医学会作出鉴定书，认定卢某下肢静脉形成血栓和锁钉松动属于四级医疗事故，龙江县第一人民医院负完全责任。卢某为治疗医疗事故所造成的伤害，又住院三次。前二次住院花费51 275元，已在交通事故案中处理。卢某后三次住院95天，花医疗费110 025元。卢某要求龙江县第一人民医院赔偿256 440元。龙江县第一人民医院认为卢某下肢静脉形成血栓和锁钉松动与医院无关，认为在治疗及手术方式上是正确的，无过错，不同意承担赔偿责任，且未向法庭提交证据。

法院审理认为，公民享有生命健康权。医务人员在诊疗活动中未尽到相应的诊疗义务的，医疗机构应承担赔偿责任。卢某所受损害于2015年5月12日经齐齐哈尔市医学会作出鉴定书，认定卢某下肢静脉形成血栓和锁钉松动属于四级医疗事故，龙江县第一人民医院负完全责任。因卢某的前二次住院费已在交通事故案中得到赔偿，故应予扣除。为保护当事人的生命健康权不受侵害，保障当事人合法权益，依照《侵权责任法》第57条之规定，判决龙江县第一人民医院负责赔偿卢某的合理损失139 773.87元。❶

众所周知，医疗服务业是一种高风险的专业行业，与一般性的服务行业有着本质的不同，在医疗实践中尚有许多未知领域。在医疗过程中有很多的不确定因素，医疗事故是我们都不想看到的结果。根据上述案件我们可以发现几个问题。首先，在该起医疗事故中，无论是医生还是医院，都没有给医疗事故进行投保，所有医疗事故赔付均有医院来负担，至于事后医院向过失责任医生追偿，那是另外一回事。医疗事故赔付，对医院是一个比较大的负担。而另外一方面，其中涉及交通事故，由于保险公司的交强险，侵权者把损害赔偿责任转移给了保险公司，同时对受害者的赔付也是一种保障。其次，在医疗事故事件中，受害者也没有购买商业上的第一方保险，导致自己因为医疗事故遭受损害，发生医疗纠纷后，不能够及时得到赔付和救济。最后，医疗事故根据不同的责任会增加部分责任主体，例如医药公司、医疗器械的供应商。只有医疗机构是主要的责任主体，即使我国部分地区实行了医疗责任险也无法改变这个局面。我们应该思考应该如何分担医疗机构的责任。只有解决这些问题，我们才可以从源头上减少医疗事故的发生，让医疗机构及其医务人员不再遭受医疗损害赔偿的困扰。

二、我国医疗事故损害赔偿的责任性质及其归责原则

我国学术界对于医疗事故的定义有着不同的见解，因此我国的医疗事故概念有广义和狭义两种不同的解释。广义的医疗事故是指患者在就医过程中，由于医方原因导致其身体健康受到损害，以及其他合法权益受到侵犯的不幸事件的总称。狭义的医疗事故是指，医疗机构及其医务人员在医疗过程中，

---

❶ 中国裁判文书网.中国人寿财产保险股份有限公司齐齐哈尔中心支公司与卢福江、蓝艳玲机动车交通事故责任纠纷一案二审民事判决书［EB/OL］.［2019-05-01］.http://wenshu.court.gov.cn/Index.

违反了行业规范以及医疗法规导致患者的生命健康权遭受实际损失。❶我国法律实务界通常采用的是狭义解释。

（一）医疗事故损害赔偿的责任性质

学术界关于医疗事故损害赔偿责任的性质有三种的观点。一是侵权责任说，造成医疗事故的医疗机构和医务工作人员的行为是一种侵权行为；二是违约责任说，认为医疗机构及其医务人员对患者的救治过程是一种默示的合同关系；三是侵权责任和违约责任的二者竞合说。学者认为，遭受医疗事故损害的当事人不仅可以依据合同法主张损害赔偿请求权，也可以在侵权责任法的基础上享有损害赔偿请求权。

1. 侵权责任

有学者认为医务人员的过失给患者造成人身、财产等权利的损害，该行为是一种侵权行为，行为人必须为此承担相应的民事责任。还有学者认为，我国目前的医疗单位是福利性质的公益机构，医疗机构及其医务人员的职责是由法律法规规定的不可以免除的义务，而不是由双方当事人任意约定的，而且双方的地位并不对等，所以，医疗单位与患者之间并不存在平等的合同关系，医务人员过失造成患者损害应视为侵权行为。❷从学理上看，学者主张医疗事故属于侵权责任性质。

从侵权责任法来看，《侵权责任法》第 54 条规定："患者在诊疗活动中受到损害，医疗机构及其医务人员有过错的，由医疗机构承担损害赔偿责任。"第 55 条规定："医务人员在诊疗活动中应当向患者说明病情和医疗措施。需要实施手术、特殊检查、特殊治疗的，医务人员应当及时向患者说明医疗风险、替代医疗方案等情况，并取得其书面同意；不宜向患者说明的，应当向患者的近亲属说明，并取得其书面同意。医务人员未尽到前款义务，造成患者损害的，医疗机构应当承担赔偿责任。"侵权责任法把医院和医务人员在诊疗活动中的过错认定为侵权责任，由医疗机构承担责任。

由于医疗机构和医务人员之间存在雇佣关系，当医疗机构承担赔偿责任

---

❶ 庄雪莉.完善我国医疗事故损害赔偿制度［J］.鄂州大学学报，2015（1）：15.
❷ 王康萍.论医疗事故民事责任的承担［D］.金华：浙江师范大学，2010：19.

后，会向有过错的医务人员进行追偿，医务人员不仅面临被追偿的责任，还有可能面临丢失工作的风险，因此，将医疗事故中的部分责任转移给实际操作的医务人员，加大了医务人员的心理压力。又由于医疗行为的特殊性，不能片面的以侵权责任来追究医疗机构及其医务人员的医疗责任。本书认为，单纯地将医疗事故的性质定为侵权责任，不利于医疗卫生事业的进步。如在第二章谈到的英国和法国医疗不良事故中，如果采用侵权责任原则，会导致"防御性医疗"和医护人员的大量流失，这对患者或整个医疗体系都是不利的。

2. 违约责任

一般而言，医疗机构及其医务人员与患者是一种默示的合同关系，如果医疗机构没有尽到谨慎治疗义务导致患者的人身健康或生命受损，就需要承担相应的违约责任。有学者认为，医疗过程就是履行合同的过程，医院作为要约人依据各科室的工作性质制定工作内容及收费标准，患者来到医院按照程序付款视为承诺，因此成立医疗服务合同。实际上整个医疗过程中，我们无法界定医疗机构和患者谁为要约人谁为承诺人，医疗机构及其医务工作人员与患者的合同关系是以事实为基础，并没有实际的书面合同。而且依据我国《合同法》的相关规定，合同是建立在平等自愿的基础上，现实生活中医院没有拒绝患者的权利，患者对于医疗行为只是单纯的接受，对于医疗行为的原理并不知情，似乎又不具备合同的要件。

但随着医疗体制的进一步多元化，私立医院大量存在，公立医院中特色服务也广泛存在，私立医院及特色服务中，很多医院跟患者签订了医疗服务合同，对双方权利、义务进行了相关明确规定。最高人民法院《民事案件案由规定》，将医疗纠纷案由明确为医疗损害责任纠纷和医疗服务合同纠纷两类，前者是侵权责任，后者是违约责任。所以，医疗事故责任也具有违约责任性质。

3. 侵权责任和违约责任的竞合

医疗事故责任的竞合，在患者遭受医疗事故损害后，可以依据《合同法》的规定，请求医疗机构或者医务人员承担违约责任，也可以依据《侵权责任法》的规定，要求医疗机构或者医务人员承担损害赔偿责任，患者在两者之间选择一种维护自己的合法权益即可。王利明教授认为，医疗事故若是违约责任和侵权责任的竞合，一般而言，当事人会选择更有利于自己的违约责任，但事实却是以侵权责任来确定医疗事故的性质。在法律上，侵权责任和竞合责任有着很大的区别，选择不同的请求权会影响当事人的权利和义务，这两种观点在责任构成要件、损害赔偿范围、举证责任等方面有很大的不同。有学者建议，为了更好地保护患者的权益，医疗事故责任应该采用责任竞合，赋予患者选择的权利。本书认为，竞合责任更大程度上维护了患者的权利，对医院和医务人员不利，在双方利益之间没有达到平衡。因此，建议在我国采用责任竞合中的限制选择诉讼模式，即赋予当事人侵权责任与违约责任自主选择的权利，同时又设定其行使选择的条件，只有符合设定的条件，当事人才可以行使选择的权利。

（二）医疗事故损害赔偿的归责原则

归责是指行为人因其行为和物件，使他人发生损害后，应以具有一定价值判断的依据使其承担责任。即法律应依据已经发生的损害结果还是应依据行为人的过错为价值判断，或是以公平作为其价值判断标准，使行为人承担侵权责任。[1]因此在侵权责任法中，归责原则是在损害发生之后，在法律价值判断的基础上确认和追究行为人法律责任的依据和根源。为了避免发生歧义，确定行为人侵权民事责任就要以归责原则为依据，在侵权法中居于重要地位。因此，归责原则是归责的根据，是医疗损害赔偿责任的核心问题。从我国现行的法律，以及司法实践出发，我国的医疗侵权行为有三种归责原则，即过错责任原则、无过错责任原则和公平原则。

1. 过错责任原则

在我国，医疗事故纠纷归责原则一般采用过错责任原则。《侵权责任法》明确规定了医疗机构的过错责任，其有助于促使医院和医生在医疗过程中尽到谨慎和注意义务，避免或减少医疗事故的发生。

---

[1] 赵广平. 医疗事故民事责任法律分析［D］. 哈尔滨：黑龙江大学，2004：30.

按理来说，医疗事故案件中应当将过错责任原则用于确定医疗机构及其医务人员的医疗行为导致的实际损害。但在司法实践中，过错责任原则主要体现在双方当事人的举证责任上，即"谁主张，谁举证"。一般情况下，举证责任都是由原告承担，患者作为举证责任的承担者，在举证过程中要想提供证据证明对方的医疗过程中存在过错比较困难。因为医疗行为具有较高的专业性，大部分患者仅靠自己无法提供切实可靠的证据。患者在医疗诉讼中难以举证导致无法胜诉，造成医患矛盾日益激增，过错责任在实际中并不能保护患者的合法权益。❶

2. 无过错责任原则

过错责任原则对患者不利，采用无过错责任原则，对患者则是非常有利的。但有人认为，在医疗损害责任中采取无过错责任是不合理的，医疗过程是有风险的，医疗治理的结果不单单是医务人员采取的医疗措施，还受其他因素的影响。所以医疗损害不适用无过错责任原则。❷

无过错责任原则是一种严格责任，虽然在很大程度上保障受害者的合法权益，但是却全盘否定了行为人的行为。医疗事业属于特殊的服务行业，不单单只有医务人员的行为才可以造成损害结果的发生，医疗药品、医疗器械、患者个人的行为都有可能造成损害结果。我国《民法总则》中规定了该原则适用于医疗产品侵犯患者的合法权益，该责任主要由医疗机构承担。医疗机构对于产品只有注意义务无法保证产品质量，但同时需要承担违反注意义务导致患者遭受实际损失的责任，也就是说医疗机构即使可以证明自己没有过错，也要承担责任。无过错责任原则的适用，无法从根本上减少医疗事故的发生，严格的归责原则让医疗机构及医务人员在诊疗过程中，选择相对保守的医疗方案和医疗技术，这样不利于医疗事业的进步。

3. 公平责任原则

根据公平责任原则，在医疗事故中适用过错责任原则会显失公平，适用无过错责任原则，又没有法律规定，在这种情形下，依公平原则在医院与

---

❶ 臧若琪.论医疗侵权行为的归责原则[J].法制与社会，2017（8）：293.
❷ 秦梓瀚.医疗侵权行为的归责原则与责任承担[J].法制与社会，2014（15）：269.

患者之间分配损害。在医疗事故损害赔偿中采取公平原则是在没有证据的前提下，以公平为依据，在审理案件中法官采取自由裁量权，根据双方当事人的经济承受能力为判断标准。在诸多医疗纠纷中，很难分清过错，一些患者会认为基于公平责任原则，多少会获得一定利益，这在一定程度上鼓励了医疗纠纷诉讼，给医院造成一定的经济压力和医院被不断的诉讼纷扰，但这并不是公平责任原则的目的。一般而言，医疗事故损害赔偿尽可能地用司法手段解决，但是我国的医疗事故处理当事人双方均不满意，因此，我们不仅仅要考虑医疗机构及其医务人员的医疗行为，而且还要考虑整个医疗大背景，考虑多方面的因素，这样才是公平公正合理的解决矛盾纠纷。

无论是过错责任原则、无过错责任原则还是公平责任原则，均是建立在当事人双方基础之间，即建立在医院与患者之间的关系之间，能不能有另外一种责任解决方案呢？如社会连带责任，比如把一部分责任转移给社会或市场，前者如医疗公共基金，后者如商业保险公司。

三、我国医疗事故损害赔偿制度的问题

（一）现行医疗立法中存在的问题

医疗立法及医疗体制的改革一直是司法界和学术界关注的热点问题。现在处理医疗事故损害赔偿，主要适用《医疗事故处理条例》《侵权责任法》等。现如今，我国没有一部完善的《医疗损害赔偿法》，在医疗立法上存在如下问题：

1. 现行立法未明确规定医疗鉴定机构

虽然《侵权责任法》的出台解决了医疗事故二元化的局面，但是在医疗损害赔偿制度上仍然存在缺陷，两部法律都没有明确规范医疗鉴定机构。《医疗事故处理条例》规定在解决医疗事故时可以由医学会进行医疗事故鉴定，也可以由法院委托进行司法鉴定。但医疗事故技术鉴定需要当事人双方共同委托，而医学会鉴定机构由卫生行政部门组建，卫生行政部门和医疗机构是

管理与被管理的关系，患者对鉴定结果认可度较低。❶ 条件的种种限制使患者不愿意选择医疗事故技术鉴定。最高人民法院《关于适用〈侵权责任法〉若干问题的通知》提到了"医疗损害鉴定"。除了医疗事故技术鉴定外，在审理医疗事故案件时还可以进行司法鉴定。司法鉴定是由两名以上法医学专家进行鉴定，在鉴定结论上签字盖章。由于司法鉴定受《民事诉讼法》的规范，因此可信度高。但是医学会和司法鉴定部门的人员二者知识体系不同，司法鉴定只是证明了行为和结果之间存在必然的联系，无法解释医疗行为在医学上必然性。医疗事故技术鉴定是证据中的主要内容，鉴定体系不完善会导致判决结果的公平性。有学者认为，既然《侵权责任法》并没有明确规定医疗事故鉴定机构，那么二元论依然存在。❷

2. 医疗损害赔偿的法律适用不统一

我国法院在处理医疗事故损害赔偿案件中适用《合同法》《医疗事故处理条例》《民法总则》《侵权责任法》《最高人民法院〈关于审理人身损害赔偿案件选用法律若干问题的解释〉》等法律法规以及司法解释。虽然《侵权责任法》实施后，医疗事故处理情况有所好转，而且也规范了法律适用、赔偿标准，以及诉讼时效等方面的问题，仍然无法解决在处理医疗事故中损害赔偿中的问题。

虽然最高人民法院在《关于参照〈医疗事故处理条例〉审理医疗纠纷民事案件的通知》中明确规定，鉴定为医疗事故的案件适用《医疗事故处理条例》，但是，在司法实践中我们可以发现患者为了能得到更多的权益，通常会选择赔偿额较高的其他诉求。患者主张违约责任的，一般会选择适用《合同法》和《民法总则》；患者主张侵权责任的，法院一般会适用《民法总则》和《侵权责任法》。我们对比侵权责任和违约责任，发现违约责任以补偿守约方因违约行为所受损失为主要目的，以损害赔偿为主要责任形式，具有补偿性。

---

❶ 王瑞恒，任媛媛.论当事人对医疗事故鉴定和医疗损害司法鉴定的选择权[J].中国司法鉴定，2011（2）：87.

❷ 高沈娟.侵权责任法实施下的我国医疗损害赔偿制度的立法缺陷和完善[J].山东农业工程学院学报，2014（6）：128.

但对于医疗事故而言，将医疗责任全部定义为违约责任，只会加剧医患之间的纠纷，并不是一个合理的解决方式。

（二）医疗责任险在医疗事故损害赔偿中的问题

1. 医疗机构参保意识低，医责险市场需求量小

医疗责任保险是指被保险人及其医务人员依法从事与其资格相符的诊疗护理工作中，引发医疗事故、医疗差错及医疗意外造成患者人身损害，而依照相关规定或约定由保险机构负责赔偿或补偿的责任保险。❶近年来，医疗案件日渐激增，无论是医学界还是司法界都在寻找一种合适的解决方式。医疗责任险来源于西方发达国家，这一保险制度在美国法国等地已经很成熟，是执业医师必备的条件。我国自试行医疗责任险以来，医疗卫生部门积极主动推行医疗责任险，但是在实践中还是遇到了很多问题。

医疗责任险在医疗事故中处于中立地位，可以平衡行为人和受害者之间的关系，不仅可以转嫁医疗机构经济赔偿责任，也可以将医疗事故处理事务转移给保险公司。然而医疗机构是希望保险公司可以处理医疗事故中的事情，自己则可以全身心投入医疗管理上。但是由于医疗行为的专业性，保险公司不可能很好地处理医疗事故纠纷。由于医疗行为的特殊性，保险公司无法深入开展医疗责任险工作，患者也因为医疗责任险的问题不愿意与保险公司讨论赔偿问题。医疗责任险的保险机构数量较少、保险种类匮乏。由于医疗行业的专业性极高，保险责任需要明确且具体化。而我国在试行阶段没有专业的保险人才可以胜任这份工作，具体条款过于繁杂，给保险机构开展医疗险种带来难题。没有专业的投保机构，医疗责任险不成熟让医疗机构不信任，医疗机构不愿意主动投保，自然也不会为医务人员购买医疗责任险。

在医患关系中，患者是相对弱势的群体，医疗机构在举证时，有比患者更多的便利条件，在取得证据的能力上优于患者。❷医疗行为的专业性和复杂性让双方当事人之间处于严重的信息不对称状态，医疗机构及其医务人员在医疗过程中处于主导地位，并且掌握大量医疗信息，患者无法证明医疗行为

---

❶ 成培金. 浅谈我国医疗责任险的现状与展望［J］. 内蒙古中医药，2014（1）：98.
❷ 李黎，等. 浅谈医疗纠纷中的举证责任［J］. 北方经贸，2011（3）：62.

的过错。❶ 为了更好地解决纠纷，法院可以打破信息不对称的现状，请求进行医疗事故技术鉴定，但鉴定机构仍然存在和行为人是同行的弊端。无论什么情况，医疗机构都处于优势地位，对于医疗机构来说没有必要去购买医疗责任险。

2. 医疗保险产品种类单一、费率偏高、期限短

尽管医疗卫生部门积极主动推行医疗责任险，但因为医疗责任险制度本身不够完善而导致在全国范围内推广医疗责任险举步维艰。

保险种类少，范围窄。我国医疗责任险目前只承保医务人员在医疗过程中造成的由医疗机构承担的民事责任。但是除了医疗行为以外还有很多原因会造成患者的人身损害，比如医疗场所的建筑、设备、医疗器械及由于医疗机构管理上的失误造成的损害。而且，保险公司认为医疗责任险的风险较大，目前不适宜大规模拓展。

保险费高。我国医疗责任险的正处于实验阶段，而又缺乏专业人才，无法对收费标准进行系统合理的分类。保险机构为了降低经营风险，提高保险费率，因而降低了医疗机构的投保积极性。

责任期限短。目前医疗责任险的索赔期限是一年，也没有明确追溯期。而《民法总则》中规定民事权利的诉讼时效期间是三年，权利保护期限从被侵害之日起不超过二十年。因此保险公司无法转接医疗机构的潜在风险。

（三）医疗事故损害赔偿的处理方式中的问题

1. 医疗事故处理方式中忽略医疗专业性

现阶段我国司法实践中，对于医疗事故纠纷解决的主要方式有协商解决、行政调解和诉讼解决。随着科技的发展、医疗技术的进步，这些解决途径的弊端日益显露。

协商解决虽然在一定程度上体现平等自愿原则，在处理医疗事故中有着一定的优势，但是也存在一些问题。一是协商过程中拥有医疗信息能力不均衡。医疗过程的专业性并不是普通的生活常识，患者有时不能及时发现医疗

---

❶ 鲁承凤.我国医疗责任保险法律制度研究［D］.济南：山东财经大学，2016：24.

手段中的错误,在协商过程中双方拥有医疗信息的能力不均衡。二是协商过程中谈判力量不均衡。医疗机构和医务人员在利益的冲突下,有可能不愿意披露信息、刻意隐藏不当的医疗行为,容易造成信息不对称,导致双方谈判力量的不均衡,谈判成效往往既不利于维护患者权益,也不能很好地制约医院。❶

医疗纠纷行政调解相比协商和诉讼,具有一定优势,其用妥协代替对抗,其程序灵活、效率高、成本低,但也存在一些不足。一是医疗纠纷行政调解缺乏中立性。在我国由于卫生行政部门与医疗机构是上下级的关系,二者关系密切,让患者对行政调解的中立性存疑。二是行政调解缺乏程序保障。医疗纠纷行政调解缺乏必要的程序透明度和结果可预测性,影响医疗纠纷行政调解制度的亲和力。

在解决医疗事故中,诉讼途径占据核心地位,诉讼是处理争端首选的解决方式。但是法院审理医疗案件,主要以医疗事故鉴定结论作为查清事实、确定责任的关键,这也导致案件审理的时间长、成本高、效率低。

总的来说,在处理医疗事故损害赔偿中以上三种解决方式存在的问题。由于医疗事故案件的特殊性,不能只允许医疗机构及其医务人员对于医疗行为有着绝对的解释权,在案件审理过程中,没有第三方专业人士的介入,医患双方的信息不对称,导致处理结果不理想。要想解决医患之间的矛盾,还是需要第三方专业人士为患者提供专业信息,平衡患者和医疗机构的地位。

2. 医疗事故处理中忽略非诉途径

对于解决医疗纠纷来说,以非诉的途径解决可以减少医院与患者之间的对抗、节约成本、提高效率,诉讼解决一般作为处理事件的最后一道防线。但从目前我国的现状来看,诉讼途径还是最主要的解决方式。由于医疗行为的专业性和风险性,协商和解可能加剧双方的矛盾。由于中立性和程序性问题,患者不愿意行政调解。患者更愿意通过法院来协调双方的纠纷,但法官缺乏医学知识,无法预见因医疗行为所造成的后果,为了确保公正性,需要

---

❶ 赖东川. 我国医疗纠纷的多元化解决机制初探 [J]. 福建法学, 2011(2): 3.

更多医学专业的机构介入其中，这样就延长了诉讼时间，加重了双方的诉讼成本。医疗过程涉及方方面面，通过诉讼解决无法保护患者的个人隐私。因此，还是应该协商、行政调解和诉讼协同发展。

四、我国医疗事故损害赔偿的转移与完善

（一）健全医疗立法

虽然《侵权责任法》对《医疗事故处理条例》做了很大的修改，但是《侵权责任法》仅仅只有11个条文涉及医疗损害，无法解决日益复杂的医疗问题。因此，我们需要制定一部专门的医疗损害赔偿立法。

1. 统一医疗事故鉴定体系

医疗事故鉴定结果不仅是诉讼中的重要证据也是卫生行政部门行政处罚的关键证据。我国医疗事故鉴定技术的"二元化"给法院审理医疗事故损害赔偿造成了困扰。

首先，立法需要明确鉴定机构，提高鉴定结果的可信度。有人认为，医疗损害赔偿应当适用司法鉴定，因为其处于中立地位，在诉讼过程中鉴定的主体是法院而不是卫生行政部门，所以鉴定结论就应该由司法部门做出。虽然司法鉴定具有中立性，但是医疗行为具有高度的专业性。本书认为，还是需要建立统一的医疗事故鉴定机构，由司法鉴定人员和医学会会员组成，这样可以保障鉴定结果的专业性和合法性。首先，应统一医疗损害鉴定的适用标准，以避免由不同鉴定标准带来的争议和混乱。[1] 其次，为了提高鉴定结论的可信度，应当实行两级鉴定体系，对鉴定结果不满可以提出由上级部门重新鉴定以及监督下级鉴定人员的工作。我国现阶段三级鉴定体制使医疗事故技术鉴定过于复杂，鉴定时间长给诉讼带来很多问题。最后，建立独立于卫生行政部门的鉴定机构。医疗事故技术鉴定是处理医疗事故案件的关键，作为证据其本身应该不受任何约束。只有这样，医疗技术鉴定结果的可信度才会大大提高。

---

[1] 王海容，程文玉. 构建我国医疗损害鉴定统一制度的思考［J］. 医学与法学，2016（3）：7.

2. 制定《医疗损害赔偿法》

首先，需要确立医院或医务人员与患者的关系，建立统一的处理标准。在医疗过程中发现患者在一定程度上属于特殊的"消费者"，医疗机构作为"服务者"，整个医疗过程是一个高风险、专业性极强的服务过程。因此，可以将双方的关系定义为特殊的医疗合同关系。合同必须明确三方主体之间的责任细节，并且规定双方各自的医疗责任以及应尽的义务，规定医疗机构及其医务人员的和患者由于各自的原因造成的医疗事故损害赔偿应承担的责任。即医疗机构承担监督医务人员的责任、医疗产品的部分责任等，医务人员承担医疗技术损害责任，患者承担非医疗行为导致损害的责任。医疗机构的责任要比医务人员的责任更加广泛，医疗事故损害赔偿责任不再全部由医疗机构及其医务工作人员承担，根据各自的行为划分责任比例，谁的责任谁来承担。

其次，要制定专门的《医疗损害赔偿法》，解决现行立法中没有规定的问题。双方当事人信息不对称是导致医疗事故案件激增的原因之一，医疗机构及其医务人员在证据上处于主导地位，只有改变这个局面解决举证问题，才能让判决更加公平。在《医疗损害赔偿法》中要明确规定医疗机构不得以自身利益为主，拒绝提交医疗过程中的相关记录。《医疗损害赔偿法》对未来可能发生的医疗事故进行预测，以确保在处理医疗事故损害赔偿时有法可依。

（二）实行医疗事故责任赔偿的转移

1. 医疗责任从责任到连带责任的转移

我国对于医疗事故责任归责原则一般采取过错责任原则，也就是说实行"谁主张，谁举证"的举证要求，这就意味着患者一方要承担证明医院方或者医疗人员有过错的举证责任。由于医疗责任认定具有专业性和技术性，而缺乏医学知识的受害人在举证时是非常困难的。

《侵权责任法》第58条和《最高人民法院关于民事诉讼证据的若干规定》第4条中确定了医疗损害赔偿责任的归责原则属于过错推定原则。在《最高人民法院关于民事诉讼证据的若干规定》第4条第（八）项的条文中明确了医疗纠纷的举证责任，要求医院对自己的医疗行为是否有过错以及过错行为与后果之间是否存在因果关系进行举证。也就是说受害人只要证明自己在医院就诊期间受到损害，就可以向法院起诉，不必证明医院的医疗行为与损害后果有因果关系，同时也不必证明医院一方的过错，这在一定程度上减轻了受害者及其家属一方的举证困难。

从我国《最高人民法院关于民事诉讼证据的若干规定》中，我们看到了医疗事故责任归责由过错责任向过错推定责任转移。但从美国、法国、英国等国医疗不良事件中的赔偿转移做法来看，我国目前从责任到连带责任转移才刚刚开始，还需进一步发展和拓展。因为西方医疗责任事故的赔偿转移一般是从过错责任到严格责任、强制责任保险甚至完全取代责任法的某种类型的替代性赔偿方案的这样一个渐变过程。在实际的操作过程中，对于我国的医疗纠纷案件具体适用过错责任还是过错推定责任没有一个清晰的准确规定，这就不免造成了举证的混乱和法律从业者的困惑。在欧美应对医疗不良事件中，其认为目前的责任制度不能够有效减少医疗错误的发生，应该改进医疗事故中的责任制度。如果连带责任或替代性赔偿方案能够提供较好地预防激励，那么社会或许应该考虑抛弃责任制度而采取赔偿制度。

因此，建议在医疗责任事故中责任法采取无过错责任原则。目前瑞士、芬兰和丹麦的法律制度对医疗不良事件中的责任，即用无过错责任替代过错责任原则。法国采取的是严格责任，其实是加重了医院的举证责任。采用无过错责任基于欧洲两个发展趋势的判断，一是大量的医疗责任事故争端是用非司法解决的。二是医疗责任事故中采用更有利于患者的权利标准。

2. 加强医疗事故责任的第一方保险

首先，医疗机构或医生应该主动投保医疗责任险。虽然医学发展硕果累累，在治疗疾病、减轻痛苦方面取得一系列成就，但是医疗领域依然存在巨大的风险。医疗机构或医生一般会主动投保医疗责任险，在发生医疗事故纠纷时，可以把赔偿责任转移给保险公司。就我国推行医疗责任险目前情况而言，要想在全国范围内推动医疗责任险的发展，必须要依靠卫生行政部门的行政手段。卫生行政部门需要通过行政手段强制医疗机构购买医疗责任险，只有这样才能转移风险，有效地解决医疗事故，才能让医疗机构主动投保医疗责任险。

其次，加强保险意识和激励机制。医疗责任险现阶段，保险公司中很少专业人士研究医疗责任险制度，而医院和医务工作人员的参保意识低。应该通过医疗责任险的宣传，让医疗机构和医务工作人员认识到医疗责任险的重要性，在医疗过程中增强风险意识和加强保险意识。医疗责任险的涉及面广，包含医疗卫生行业、保险行业、法律行业的专业知识，应该加快医疗责任险方面人才的培养。银保监会通过制定优惠的政策激励保险公司对医疗责任险的研发和推广，政府机关应当利用行政手段强制医疗机构参保医疗责任险。医疗责任险是公益性项目，需要大力的财政支持，人员参与的积极性，从根本上保障医疗责任险的实施，才能构建完整的医疗责任险的框架。

最后，完善医疗责任险的种类。虽然医疗责任险在国外受到很大的推崇，但在我国试行的这些年来问题源源不断。只有解决这些问题才能在全国范围内推行医疗责任险制度。医疗责任险发展的基本条件是丰富的保险种类，科学化的管理。保险公司应该根据实际情况调整医疗责任险。其一，紧跟医疗发展脚步，创新保险产品。医疗技术在不断进步，医疗责任要更加明确化，保险公司要不断地推陈出新，推出合适的保险产品。其二，适当提高赔偿限额。医疗责任险的主要目的是转嫁医疗机构的赔偿风险，但是由于种种原因，医疗责任险没有实现这一目的。保险公司应当细化责任分工，提高赔偿限额。其三，保险公司需要科学合理的收取保险费率。引起医疗事故的原因有很多种，不能统一收取保险费率。其四，提高赔偿额度，延长责任期限。我国现行法律针对赔偿额度的限制过于苛刻，医疗技术不断进步，医疗费用也随之增长，滞后的赔偿标准解决不了实际问题。我们需要根据现实情况修改赔偿额度。总之，借助各方面的力量，大力推行医疗责任险，全面发挥应有的作用，构建和谐的医患关系。❶

（三）完善医疗事故解决机制

医疗纠纷作为一个世界性的难题，尽管大部分发达国家有着完善的医疗保障体制，也依然存在医疗损害赔偿案件。德国主要采用诉讼纠纷解决机制

---

❶ 胥林花.推进医疗责任险的现状和思考［J］.江苏卫生保健，2012（6）：30.

来处理医疗事故案件，但不同的是，德国的调解和仲裁机构是由司法界和医学界的人员组成，在处理医疗事故案件所需要的费用由保险公司支出。美国设立了专门的处理机构，以及完善医疗责任保险制度，瑞士甚至要求每位医生都参加了医疗事故险。

以上每个国家的医疗事故处理机制都各有特点，我们可以根据实际需要建立我国特有的医疗事故处理机制。

1. 建立医学专家援助机制

在处理医疗事故中，医疗机构与患者之间存在信息不对称问题。即使在诉讼过程中会有专家就医疗事故鉴定结果进行解释，但是由于种种原因，还是会影响医疗事故技术鉴定作为证据的地位。医疗事故最好的解决方法应当是当事人协商解决，这样既不会影响医疗机构的正常管理，也在最短的时间内满足当事人的诉讼。信息不对称最严重的的就是体现在当事人和解中，医院为了自身的利益可能不愿意主动将相关证据拿出来，让更多的受害者选择极端的方式向医院索要赔偿，这种行为扰乱了医疗秩序。

法律援助机构免费为其提供服务，保障当事人的合法权益，维护正当诉求。我们可以借鉴法律援助制度建立医学专家援助机制，主要为患者提供专业咨询，在必要的时候参与到医疗事故案件中。医疗行为的专业性单靠患者自己的知识体系是不可能理解的，医院为了息事宁人，只能通过高额的赔偿。但这给以后的医疗事故处理带来了难题。建立医学专家援助机制，为患者提供技术咨询，可以平衡医疗机构和当事人的地位，也为法院审判医疗案件带来了便利。

2. 建立医学法学相结合的第三方调解机制

有人认为，第三方调解机制相对诉讼和行政调解而言，程序简便易行、收费低廉甚至不收费、调解周期短、效率高、与纠纷当事人双方地位平等、调解过程既体现专业性又保持独立性、易于为双方当事人接受并忠实履行且不妨碍其他解决渠道的选择，有利于节约行政和司法成本。[1]就行政调解而言，

---

[1] 王卓.江西省医疗纠纷第三方调解机制研究［D］.南昌：南昌大学，2016：6.

即使建立独立的医疗事故鉴定机构，患者也会介意卫生行政部门和医疗机构的关系，不去选择行政调解。第三方调节机制是独立于患者、医疗机构及其医务人员、政府之外的，不受卫生行政部门的约束，始终保持中立地位，并且赋予该机构监督职责。一方面，医疗事故调解委员会监督卫生行政部门的不作为；另一方面，对于医疗机构与患者之间的调解工作。

第三方调解机构应该由具备医学和法学专业知识的人共同参与。因为造成医疗事故的原因有很多，医疗事故调解委员会的成员需要涉及法学、医学、药学、医疗器械、医疗药品等各个行业。医疗事故比非医疗事故案件更需要医学专家的参与，医疗事故案件涉及医疗机构的监督职责、医务人员的执业水平，医学专家比其他参与者更加明白其中的意义，让医学专家介入可以促进当事人双方的联系，可以高效便捷解决矛盾，有利于节约司法资源、缓解医患矛盾，促进司法进步。

五、小结

在我国如何解决医疗事故损害赔偿依旧是理论和实践中经常讨论的话题。在实践中，处理医疗事故时根据医疗事故的性质来确定责任问题。单就医疗事故损害赔偿问题采取违约责任会更有利于患者的赔偿请求，基于医疗行为的风险性，不可能以违约责任来定义医疗事故，但可以在其他方面来定义双方特殊的合同关系。

在医疗事故损害赔偿问题中，我们主要解决的是关于医疗立法中未统一规范的医疗事故鉴定机构、试行医疗责任险中的问题以及医疗事故处理方式的问题。首先，在医疗事故处理中医疗事故鉴定机构的二元化一直影响着医疗损害赔偿问题，鉴定结果的可信度大幅下降，我们必须改革医疗事故鉴定体系。其次，医疗责任险在很大程度上可以分担医疗机构的经济赔偿风险，但是我国医疗责任险起步晚发展慢，医疗责任的重要性无法体现。最后，医疗事故的解决方式中忽略了医疗行为的专业性，患者在事故中处于劣势地位，双方当事人地位不平衡，使患者对判决结果不满意。

因此，建议建立医疗事故责任的第一方保险市场，通过医疗责任险来转移损害赔偿；建议在我国医疗责任事故领域，采取私法赔偿转向公法赔偿模式，建立医疗事故损害赔偿公共基金，给予在医疗事故中的受害人补偿；建议在医疗责任事故中责任法采取无过错责任原则；建议建立我国中央级别的医疗事故赔偿机构。像欧美国家一样，建立处理医疗事故赔偿的中央机构，如英格兰的国家医疗服务诉讼管理局、法国的国家治疗事故赔偿署等。

第二节　大规模侵权损害中的赔偿转移

一、问题提出

近年来，大规模侵权事件不断涌现，层出不穷的大规模侵权事件严重危害到公民的人身安全和财产安全，给社会造成了恶劣的影响。如何在现有的社会经济发展背景下，合理配置社会资源，构建严谨有效的大规模侵权损害赔偿救济机制，保障受害方的合法权益，是值得探讨的问题。

我国侵权责任法体系中并未明确界定"大规模侵权"。王利明教授认为，大规模侵权是基于一个同质性的侵权损害引起的在较大范围内众多受害人不同程度的损害，尤其是人身方面的侵害。[1] 德国的冯·巴尔教授认为，大规模侵权是指包括环境侵权、瑕疵产品等，以及在大型活动中发生的大规模侵权事故。[2]

大规模侵权具有普通侵权行为的一般特征，但与一般侵权行为相比，大规模侵权又具有以下法律特征。

第一，被侵权人人数众多。在大规模侵权案件中，受害方大多较为分散，包括时间或地域上的分散，损害结果的发生可能会有时间的先后差异，也可能会有损害发生地点的差别。关于受害人数目多大才算是大规模侵权，目前

---

[1] 王利明，周友军，高圣平.中国侵权责任法教程［M］.北京：人民法院出版社，2010：33.
[2] 克里斯蒂安·冯·巴尔.大规模侵权损害赔偿责任法的改革［M］.贺栩栩，译.北京：中国法制出版社，2010：2.

并无统一标准，美国研究者对美国发生的 50 组不同的大规模侵权案件进行了统计和归纳后，认为 100 人以上的案件就可以构成大规模侵权。[1] 国内学者张新宝认为，大规模侵权的被侵权人至少是数十人，而不是数人。[2] 但需要注意的是，并不是造成多人损失的侵权行为都是大规模侵权，在某些大规模侵权事件中，受害人的数量可能在不同的地点随着时间的推移而发生变化，对于是否构成了受害者人数众多的大规模侵权损害，要视具体情况而定。可暂且依照《最高人民法院关于适用〈中华人民共和国民事诉讼法〉若干问题的意见》第 59 条，当事人一方人数众多，一般指 10 人以上，作为界定标准。

第二，损害后果具有复杂性。由于大规模侵权损害的受众范围广，人数众多，且伴随着时间的推移有些损害会逐渐显现出损害结果。例如，某些侵权行为对人体健康的损害是有潜伏期的，有较强的隐蔽性，因此损害后果比一般侵权更复杂，认定侵权行为与损害结果之间的因果关系存在很大难度。大规模侵权具有特殊性，大规模侵权属于侵权行为，会侵害公民个人的人身和财产权益，但同时还可能会影响到社会公共利益和公共安全。严重的大规模侵权损害可能会影响正常的公共经济秩序，影响社会稳定。其侵害的客体较一般侵权行为更为复杂。

第三，侵权人具有不确定性。即在大规模侵权事件中，施加侵权行为的主体往往不易认定或难以明确。如在产品缺陷的大规模侵权中，生产同类缺陷产品的可能有数十家甚至上百家企业，难以确定究竟受害人的损害由哪一家企业的产品所致，从而导致确定赔偿责任承担存在困难。[3]

明确大规模侵权的内涵及以上法律特征，有利于研究实践中的大规模侵权案件，及时为此类案件提供有效的救济措施。

---

[1] 陈年冰. 大规模侵权与惩罚性赔偿 [J]. 西北大学学报：哲学社会科学版，2010（6）：155.
[2] 张新宝. 设立大规模侵权损害救济（赔偿）基金的制度构想 [J]. 法商研究，2010（6）：24.
[3] 李敏. 赔偿基金在大规模侵权损害救济中的定位与制度构想 [J]. 西北大学学报：哲学社会科学版，2012（4）：142.

二、大规模侵权赔偿的传统模式及问题

（一）侵权人赔偿

受害方通过诉讼获得侵权人赔偿是大规模侵权损害赔偿救济的基本手段，受害人可以运用私法手段，向侵权人要求赔偿自己因侵权人大规模侵权带来的损失。

通过诉讼途径实现侵权人赔偿的救济虽然是基本手段，但也是存在问题的。例如，大规模侵权损害赔偿往往因为受害方群体庞大，导致赔偿的范围及赔偿数额巨大，做出侵权行为的企业可能因高额赔偿而破产。另外，大规模侵权事件涉及受害方人数众多，诉讼程序上操作起来存在一系列包括实体性问题、程序性问题，实际上可能发生高昂诉讼成本，又可能引起社会化的问题，也许不能单纯以私法手段轻易解决。[1]

此外，由于大规模侵权主体具有不确定性，不可避免地会发生侵权人不明的情况。美国侵权法认为，侵权人不明的情形下要适用市场份额责任规则，我们可以借鉴。市场份额责任（Market Share Liability）是指在缺陷产品致人损害却又无法明确确定侵权企业，由生产企业按市场占有份额承担侵权责任的规则。[2]一方面，企业的市场占有份额越大，企业的获利越多，要承担的社会责任就越重。另一方面，企业的市场占有份额越大，说明产品或服务的使用率越高，造成侵权的可能性就越大。当侵权主体不明时，由生产企业按市场占有份额承担侵权责任，可以实现受害方的赔偿救济，这体现了权利与义务的统一。应当注意，在适用市场份额责任规则时，也要做到合理保护企业的权益。第一，应在尽可能有效的市场数据统计的基础之上评定市场份额；第二，当受害方确实不能提供证据确定侵权人时，应严格判断被诉侵权人的产品是否存在致害可能，是否具有可能造成受害人损害的产品特征；第三，对于全国性的垄断行业，应适用其在全国所占的市场份额，对于地方性垄断

---

[1] 熊剑波.论大规模侵权损害救济模式的构建[J].长沙理工大学学报：社会科学版，2015（4）：73.

[2] 王晓峰.完善我国大规模侵权的责任承担制度[J].法制与社会，2016（9）：34.

行业，适用地方市场份额责任，对于市场高度分散的行业则不适用。❶

还有一种情况是，由于大规模侵权行为的同一性或同质性，一起大规模侵权中可能会存在多个侵权人。侵权行为的同一性主要表现为只有一个侵权行为。侵权行为的同质性指具有同一性质的行为引起多数人人身、财产受到损害的侵权行为。❷大规模侵权损害可能是由多个同质性的侵权行为引起的。例如，多家污染企业同时排放类似污染物，造成同一损害。这种情况下，当受害方能够举证证明是具体某家企业排放污染物，那么应当由这家企业承担赔偿责任；当受害方确实由于几家排污企业同时排污而受到损害，那么这几家排污企业应承担连带责任。在分配责任分担时，数家排污企业按其排污量等诸多因素，合并考量，确定各方责任；确实无法划分责任大小的，这几家排污企业可以平均承担赔偿责任。

（二）惩罚性赔偿

事实上，惩罚性赔偿机制在大规模侵权损害赔偿中很少发挥作用。实践中，一旦发生大规模侵权损害事件，企业作为侵权主体，无力偿还巨额的损害赔偿金，往往面临破产，更是根本无力缴纳惩罚性赔偿金。对于受害者而言，连足额的损害赔偿都无法获得，还如何奢望数倍的惩罚性赔偿金。而且惩罚性赔偿的压力可能会远远超出侵权人的经济能力，最终导致基本的损害赔偿都无力支付。

但是也不排除现实中确实存在有超强经济能力的侵权方企业，有雄厚资金支持其做出损害赔偿和惩罚性赔偿，因此，我们依然要坚持在立法中规定出惩罚性赔偿机制作为大规模侵权损害赔偿的补充救济手段。

（三）大规模侵权损害赔偿的问题

1. 传统模式对受害者权益保障不力

大规模侵权损害赔偿主要以侵权人损害赔偿为主，以惩罚性赔偿为辅。但传统损害赔偿模式有一个共同问题，即赔偿主体仅限于侵害人，这对于大规模侵权事件中的受害者来说，有可能得不到赔偿或补偿。如三鹿毒奶粉事

---

❶ 王晓峰.完善我国大规模侵权的责任承担制度［J］.法制与社会，2016（9）：34.

❷ 任晨丽.大规模侵权损害赔偿救济制度研究［D］.乌鲁木齐：新疆师范大学，2015：7.

件，生产企业破产，众多受害的患儿不能从侵权企业处获得损害赔偿。还有，由于大规模侵权受害者人数众多，在诉讼维权方面，比较难以协调一致。侵权主体比较复杂的情况下，受害者难以确定谁是侵权人。这些因素导致了大规模侵权传统模式对受害者权益保障不力。

2. 大规模侵权损害的保险市场不完善

由于人们的保险意识单薄、保险产品不完善、保险宣传的力度不够，导致我国在大规模侵权损害领域投保的企业和个人较少，无论是第一方保险还是第三方保险，都不是很完善。就个人而言，很少看到个人基于担心产品损害为自己投保。就企业而言，虽然部分企业已经有了责任风险转嫁的需求，并开始投保责任保险，但大多保险公司所能提供的产品与消费者的需求相比还存在一定差距。

以美国相关做法为例，为保护消费者，美国强制要求在当地销售产品的厂商全部投保产品责任险。我国在某些领域也在加强产品责任险的试点，把大规模侵权损害赔偿转移给保险市场，但整体而言，大规模侵权损害的保险还处于初步阶段。在我国大规模侵权损害赔偿中，主要以个人或企业力量的事前赔偿和通过随后政府的事后连带来应对，而缺乏个人和市场力量相结合的事前赔偿。在法国模式中，预防措施与个人行为、市场力量和政府介入相结合，进而减少大规模侵权后的公共开支。

3. 大规模侵权损害的社会化分担机制缺乏

大规模侵权损害赔偿不仅要发挥保险市场的作用，把损害赔偿转移给保险公司，同时，还应发展社会化的公共分担机制。如美国发生大规模侵权事件后，会建立大规模侵权损害赔偿基金，这个基金来源是多元的，有政府税收、社会捐款和侵权人的赔偿等组成。建立损害赔偿基金是当前国际社会比较普遍做法，对大规模侵权损害中的受害者赔偿或补偿有着很好的保障作用。从三鹿毒奶粉事件来看，我国主要是依靠企业事前赔偿和事后的政府救济来应对，缺乏公共基金社会化的分担机制。

三、大规模侵权赔偿转移的完善

当受害者遭受到了大规模侵权时，一般寻求侵权诉讼，获得赔偿。但是大规模侵权有其独特性。如被侵权人数众多、损害后果具有复杂性和侵权人具有不确定性等。如果大规模侵权事件处理不好，会影响到社会公共安全和社会稳定。因此，为了更好地保护大规模侵权事件中的受害者，不能一味地采用传统侵权责任法规则，而是应该实施大规模侵权损害赔偿的转移。目前大规模侵权赔偿的转移，主要表现在两个方面：责任保险和大规模损害赔偿基金。

（一）责任保险

发生大规模侵权事件时，当事人无论是投保了第一方保险还是第三方保险，受害者均可以从保险公司获得赔偿。如果是受害者自己投的第一方保险，其可以直接从保险公司获得赔偿；如果是侵权者投的保险，侵权者把本应自己承担赔偿责任转移到了保险公司。所以说责任保险制度不再将侵权事件看成是一种单纯的人与人之间的纠纷，而是将其看成一种社会风险，利用商业保险互助性、科学性的特征来分担大规模侵权带来的损害。[1]

1. 责任保险的优势

责任保险制度将大规模侵权损害作为一种社会风险，利用其较强的社会属性，通过责任保险扩大风险分散的范围，将被保险人应依法承担的民事损害赔偿责任转换为社会责任，将可能发生的巨额赔偿合理分摊到参与责任保险的被保险人之间，利用被保险人缴纳的合理数额的保险费来完成大规模侵权损害的赔偿。当侵权方经济实力不足以赔偿受害方损害时，受害人依然可以通过保险人获得赔偿。保险公司也可通过再保险、巨灾风险证券化、联合承保等方式分散承保风险，保障其承保能力。[2]总之，责任保险制度为大规模侵权损害赔偿提供了良好的经济保障。

对于受害方而言，选择利用责任保险得到大规模侵权损害赔偿，较其他

---

[1] 粟榆.责任保险在大规模侵权中的运用[J].财经科学，2009（1）：34.
[2] 王晓峰.完善我国大规模侵权的责任承担制度[J].法制与社会，2016（9）：34.

方式更有效率、更有保障。依据我国《保险法》第 65 条规定："保险人对责任保险的被保险人给第三者造成的损害，可以依照法律的规定或者合同的约定，直接向该第三者赔偿保险金。责任保险的被保险人给第三者造成损害，被保险人对第三者应负的赔偿责任确定的，根据被保险人的请求，保险人应当直接向该第三者赔偿保险金。被保险人怠于请求的，第三者有权就其应获赔偿部分直接向保险人请求赔偿保险金。"依据我国《保险法》第 23 条规定："保险人收到被保险人或者受益人的赔偿或者给付保险金的请求后，应当及时做出核定；情形复杂的，应当在三十日内做出核定，但合同另有约定的除外。对属于保险责任的，在与被保险人或者受益人达成赔偿或者给付保险金的协议后十日内，履行赔偿或者给付保险金义务。保险合同对赔偿或者给付保险金的期限有约定的，保险人应当按照约定履行赔偿或者给付保险金义务。保险人未及时履行前款规定义务的，除支付保险金外，应当赔偿被保险人或者受益人因此受到的损失。任何单位和个人不得非法干预保险人履行赔偿或者给付保险金的义务，也不得限制被保险人或者受益人取得保险金的权利。"也就是说，受害方作为责任保险合同的第三者，只要经核定属于保险合同规定的保险责任范围内，就可以直接向保险人获得保险金赔偿，且规定的保险人履行赔偿或者给付保险金义务时间较短。责任保险制度比通过诉讼等其他方式能够更及时、更快捷地给予受害方损害赔偿。

2. 投保模式

责任保险分为强制保险和任意保险。一般认为，大规模侵权责任保险应以强制责任保险为主，以任意保险为辅。由于责任保险的保险费对于企业来说是一笔支出，即使保险费金额合理，不会给投保企业造成过重的负担，但大部分企业还是会抱着侥幸的心理，认为自己不会造成大规模侵权损害，而消极对待责任保险，不想自愿参保。当大量具有易造成大规模侵权损害风险的企业不愿参险时，责任保险制度就处于架空状态，无法起到应有的规避风险、分散损失的作用。这时，强制责任保险就显得尤为重要了。而当前我国只有三种强制责任保险，即交强险、船舶污染强制责任险和沉船打捞责任险，还有很多易造成大规模侵权损害的领域并未对强制责任保险作出规定。政府应主导强制责任保险的运作，以往常大规模侵权的发生概率为基础，在大规模侵权损害频繁发生的领域设立强制保险，如食品安全责任保险和环境污染责任保险，将特别容易造成侵权损害的领域纳入规制。银行保险监督管理委员会等保险监督管理部门还应根据经济发展形势，对强制责任保险的保险费与保险金额做出指导性规定，尽可能做到合理和公平。大规模侵权责任保险在强制责任保险涉及不到的领域，以自愿参加的任意责任保险为补充，弥补强制责任保险的不足。

3. 承保范围

责任保险仅应当承保大规模侵权中非故意的民事责任。

首先，大规模侵权责任保险的保险标的只能是大规模侵权中的民事责任。大规模侵权会造成受害方人身和财产损害，侵权方不可避免地要承担民事责任，严重时侵权方还要承担行政责任或者刑事责任，但对于大规模侵权中的行政责任和刑事责任，责任保险是不承保的。此外，由于精神性损害证明困难难以认定，故责任保险的保险人仅对大规模侵权造成的人身和财产性损害承担赔偿责任。对于民事责任中的非损害赔偿责任如赔礼道歉等，保险人不承担赔偿责任。

其次，大规模侵权责任保险只能承保大规模侵权中非故意的侵权责任。责任保险承保的风险是不确定何时发生、不确定会造成何种结果的，要保险人承保侵权方故意造成的大规模侵权明显是与责任保险的原意背道而驰的。

4. 承保机构

应当在大规模侵权频繁发生的领域设立专门性机构对风险进行承保。关于这类承保机构，可以借鉴国外在环境侵权责任保险领域独立保险机构的构建形式：一是美国式的专门保险机构，即1988年成立的环境保护保险公司；二是意大利式的联保集团，即1990年成立的由76家保险公司组成的联合承保集团；三是英国式的非特殊承保机构，其环境侵权责任保险由现有的财产保险公司自愿承保。[1]从我国当前现状出发，英国式的非特殊承保机构是适合

---

[1] 吴俍君.大规模侵权损害多元化救济机制的构建［J］.四川理工学院学报：社会科学版，2011（6）：68.

我国国情的。由现有的一般财产保险公司自愿承保，与政府统筹相比节省行政资源，被保险人投保方式同一般投保类似，操作便宜，程序简易。

5. 保险竞合

我国法律对于保险竞合没有明文规定。我国台湾地区相关法律专家施文森认为，对于同一标的物的损害，因不同险种的承保范围重叠造成两个上的保险承担其责任者，称之为保险竞合。刘宗荣认为，多个投保人、多份保单，指定同一人为被保险人，于保险事故发生时，数保险人就同一保险事故所致同一保险标的物之损失，都应对被保险人负赔偿责任者，称为保险竞合❶。

大规模侵权会涉及复杂的赔偿关系，由于承保标的或被保险人的交叉或重叠，一宗大规模侵权发生后可能会出现数家保险人承担保险责任的情况。可能产生保险竞合的情形包括：社会保险（社会保险的普及性已经相当高，尤其是大型企业）和责任保险之间、人身保险与责任保险之间、责任保险各险种之间。❷ 从国外对保险竞合的处理来看，保险人是通过下列保险条款来确定竞合情况下的责任分配原则：溢额保险条款、不负责任条款、比例分摊条款。❸ 鉴于我国法律法规目前对于保险竞合还未作出具体规定，实践中可在双方签订保险合同时，以文字来约定处理可能发生的保险竞合的情况。

（二）损害赔偿基金

大规模侵权损害赔偿基金，是指专项用于救济或赔偿大规模侵权事件的被侵权人人身、财产损失的基金，是目前国际上盛行的并被实践证明行之有效的应对诸如三鹿毒奶粉事件之类的大规模侵权事件的技术性方案。❹

1. 损害赔偿基金的优势

损害赔偿基金被广泛应用于处理大规模侵权损害赔偿，一方面，其赔偿程序简单，能及时为人数众多的受害方提供经济赔偿，赔偿款发放较快。另

---

❶ 刘宗荣.新保险法：保险契约法的理论与实务［M］.北京：中国人民大学出版社，2009：259.
❷ 粟榆.责任保险在大规模侵权中的运用［J］.财经科学，2009（1）：33.
❸ 陆荣华.英美责任保险理论与实务［M］.南昌：江西高校出版社，2005.
❹ 张新宝.大规模侵权损害赔偿基金：基本原理与制度构建［J］.法律科学：西北政法大学学报，2012（1）：119.

一方面，损害赔偿基金不只着眼于当下，还虑及未来，为具有潜伏性的可能在未来爆发的损害提供救济途径。

如 2008 年三鹿毒奶粉事件，中乳协对婴幼儿奶粉事件医疗赔偿基金的管理及支付等情况的通报，介绍了总额 11.1 亿元的婴幼儿奶粉事件赔偿金的用途：一是设立 2 亿元医疗赔偿基金，用于报销患儿急性治疗终结后、年满 18 岁之前可能出现相关疾病发生的医疗费用。二是用于发放患儿一次性赔偿金，以及支付患儿急性治疗期的医疗费、随诊费，共 9.1 亿元。截至 2010 年年底，已有 271 869 名患儿家长领取了一次性赔偿金，由于信息不准确或不完整查找不到，目前还有极少部分患儿家长没有领取一次性赔偿金。按照规定，2013 年 2 月底之前，患儿家长随时可以在当地领取，逾期仍不领取的，剩余赔偿金将用于医疗赔偿基金。❶

2. 设立模式

损害赔偿基金作为独立的社会团体法人，履行管理委托人资金的义务，当大规模侵权损害发生后，及时向受害方发放赔偿款，缓和侵权方和受害方之间的矛盾，保障受害方得到及时有效的救助。损害赔偿基金的设立模式主要有两种，即政府性基金和信托式基金。政府性基金属于预算外基金的范畴，具体是指各级政府及其所属部门根据法律、行政法规和有关文件的规定，为支持某项事业发展，按照法定程序批准，向公民、法人或其他组织提取、募集或安排使用的未纳入国家预算管理的各种财政性资金。❷信托基金是指按照信托原理，赔偿基金作为受托人，接受作为委托人的大规模生产经营者或潜在的侵权企业所交付的财产，为救济受益人（即被侵权人）在大规模侵权中的受损利益，以自己的名义对该财产进行管理或处分的一种基金。❸

无论是哪种设立模式，损害赔偿基金都是以独立于出资人和受害方的角度，在大规模侵权事件发生后，以其自身财产独立承担赔偿责任。损害赔偿

---

❶ 乳协通报奶粉事件医疗赔偿基金管理及支付情况［EB/OL］.（2011-06-08）［2018-06-16］. http://news.sohu.com/20110608/n309537113.shtml.

❷ 孙晋，王菁. 论我国食品安全事故补偿基金制度的建构［J］. 中南大学学报，2009（5）：633.

❸ 杜健. 大规模侵权损害救济机制研究——以社会化救济为视角［D］. 合肥：安徽大学，2015：114.

基金作为社会团体法人，应当符合法人治理模式，设置决策机构、执行机构、监督机构，让所有权、经营权、监督权互相制约。决策机构对损害赔偿基金的重大事项进行决策，应由出资人组成基金管理委员会，即由政府部门代表或企业代表组成基金管理委员会。执行机构负责落实基金管理委员会的决策，处理基金的日常事务，执行机构的成员由基金管理委员会向社会招聘、任命，受聘人员应具备基金管理资格和能力。监督机构可分内外两方，基金内设监督部门，从内部对自身日常运行进行监督；外部由政府审计部门和企业代表、社会媒体等多方进行监督，确保基金运营透明性，真正做到保障大规模侵权损害受害方的合法权益。

3. 资金来源

大规模侵权损害往往会导致企业面临巨额赔偿，解决巨额赔偿的资金量是需要确保的重点。一般而言，大规模侵权损害赔偿基金的来源主要包括企业出资、政府拨款和社会捐助。

（1）企业出资

企业作为大规模侵权的侵权人，应由其承担主要的赔偿责任，故企业出资是最主要的资金来源方式。企业出资包括两部分：一是在大规模侵权损害发生前，按照市场份额责任规则，由具有较大可能发生大规模侵权损害的企业按照市场份额或企业年利润的一定比例定期向基金缴纳风险金。在侵害发生之前提前储备资金，一方面是企业应尽的承担社会责任的义务，另一方面可以减轻侵害发生后企业的经营负担和巨额赔偿负担。二是在大规模侵权损害发生后，企业作为侵权人向基金缴纳出资，侵权企业作为侵权人，理应在其财产能力承担范围内最大限度做出赔偿。

（2）政府拨款

政府拨款，即政府通过财政预算的方式每年有计划地给予补偿基金一定额度的拨款。[1] 由于大规模侵权损害的受害方人数众多，赔偿数额较大，会出现企业倾其所有也难以承担全部赔偿的情况，政府为了保障公民合法权

---

[1] 孙晋，王菁. 论我国食品安全事故补偿基金制度的建构［J］. 中南大学学报，2009（5）：635.

益，会给予大规模侵权中的受害者救济，出资作为损害赔偿基金的补充。政府拨款主要分两部分：一是专门拨款。依据我国《预算法》第40条规定："各级一般公共预算应当按照本级一般公共预算支出额的百分之一至百分之三设置预备费，用于当年预算执行中的自然灾害等突发事件处理增加的支出及其他难以预见的开支。"大规模侵权作为社会风险，具有不确定性，难以预见，所以专门从预备费划拨一定比例的资金补充大规模侵权损害赔偿基金是有必要的。二是紧急拨款。在突发损害巨大、影响恶劣的大规模侵权损害事件时，常规的专门拨款不足以满足赔偿受害人的赔偿资金需要，此时需追加紧急拨款补充赔偿基金，保证基金的持续稳定充足，完成向受害方的赔偿。

（3）社会捐助

大规模侵权损害发生后，除侵权人和政府以外的其他自然人、法人、社会组织等往往会出于爱心，自发捐款，向大规模侵权损害赔偿基金补充资金，用于及时完成对受害方的赔偿。

需要注意的是，当企业有能力独立完成向受害方的赔偿，则可以不动用政府拨款和社会捐助资金。当企业暂时没有能力完成赔偿，但后续恢复赔偿能力的，基金管理方可向侵权企业追偿。此外，应当给予基金管理人一定程度的投资权利，在有限制的情况下，可以从基金中抽取一定比例或一定数额的资金用于投资，并将获利继续投入基金。

4. 救济范围

损害赔偿基金的出发点即要保护被侵权人的合法权益，及时向被侵权人发放救济款项，给予其及时有效的救助。即使侵权人不明或者侵权人无支付赔偿款的经济能力，只要受害方确实存在急需医疗救助或者走诉讼途径获取赔偿款确实存在困难等情况时，应当将其纳入救济范围。

大规模侵权损害会造成受害方人身损害或财产损失，因财产损失的赔偿不具有急迫性，故损害赔偿基金的重点救济范围应当是被侵权人的人身损害，主要包括受害者因大规模侵权所产生的医疗费、护理费、误工费等费用；造成残疾的，应当包括残疾者生活资助费、生活补助费、残疾损害赔偿金，以

及其需抚养的人所必需的生活费等费用；造成死亡的，应当包括丧葬费、死亡赔偿金，以及由死者生前抚养的人所必需的生活费。❶

此外，对于某些具有隐蔽性和潜伏期的损害，因其未来有损害突然爆发的可能，基金应着眼于未来，对未来可能长期遭受损害的被侵权人提供持续的救助，达到通过损害赔偿基金保障受害方合法权益的目的。

结合我国具体国情，适用损害赔偿基金救济的大规模侵权行为主要集中在大规模产品责任事故、大规模环境污染致人损害事故、大规模工业事故和大规模道路交通事故等几个领域。这些领域一般存在比如受害方举证困难，损害具有长期性、潜伏性，对受害方会造成严重伤害，会在社会造成恶劣影响等问题。这几种侵权行为类型从以往经验来看，发生频率高，普通救济方式难以达到获取赔偿的目的。因此，要重点关注这些领域的损害赔偿基金的建立和运行状况。

5. 赔偿标准

赔偿标准需运用精密化的数量分析，包括用公式计算索赔额度的数学计算方法、决策树分析方法、替代变量等技术方法。❷一般采用一次性支付的方式，按得出的赔偿标准给付赔偿。

如三鹿毒奶粉事件中，官方公布的受害者的医疗赔偿方案，对 29.40 万名确诊患儿给予一次性现金赔偿，标准为：死亡患儿约 20 万元，重症患儿 3 万元，一般治疗患儿 2000 元。❸ 这种一次性限额赔偿虽然操作简单，但事实上没能根据损害结果实际情况，具体问题具体分析来得出合适的赔偿金的发放标准，无法做到足额赔偿。应持续关注受害人后续治疗，适当情况下可采取分期支付的方式给予受害方最大的救济和保护。

---

❶ 吴俍君.大规模侵权损害多元化救济机制的构建［J］.四川理工学院学报：社会科学版，2011（6）：69.
❷ 王晓峰.完善我国大规模侵权的责任承担制度［J］.法制与社会，2016（9）：34.
❸ "毒奶粉"患儿医疗赔偿方案正式公布［EB/OL］.（2011-09-17）［2017-06-16］.http：//www.lawtime.cn/info/yiliao/yiliaosunhai/2011091746315.html.

四、小结

面对越来越多的大规模侵权损害的发生，我们需要努力建立和完善多元的大规模侵权损害赔偿救济机制，从立法入手，以侵权人赔偿为基础，以责任保险为主力，以赔偿基金为保障，以惩罚性赔偿为补充，多措并举，各种手段相结合，以期在我国大规模侵权损害赔偿救济实践中发挥作用，保护受害方的合法权益，维护社会稳定，促进社会和谐发展。

第三节　自然灾害中的赔偿转移

我国作为少数自然灾害最为严重的国家之一，逐步形成了一种以政府为主导的救助模式，伴随着社会发展与环境问题的频发，这种救助模式与救济方式也逐渐显现出许多不容忽视的问题。本节以汶川地震自然灾难为研究样本进行分析与研究，探析我国应对自然灾害救助体系中的做法，找出其中的问题，进而完善我国自然灾害救助体系。

一、问题提出

为解决突发性自然灾害中的民生问题，我国目前在实践中对灾害进行的救助一般有五种方式：国家财政援助、社会捐助、世界其他国家和地区以及国际红十字会的援助、人民自救重建家园、保险赔偿。在很多发达国家保险赔偿所占比例是最大的。但对于我国现阶段来说，巨灾保险才刚刚起步，其他意外保险的投保率也处于很低的水平。在突发性自然灾害中遭到重大损失的群众能够获得的保险赔付额非常有限。而社会捐赠虽然有时数额颇为可观，但由于绝大多数都是非定向捐赠，因此大多最终也是由政府进行统一支配并与政府的公共救助资金一起拨付的。我国自然灾害损害巨大，但救灾的主体主要是政府和社会捐助，并且社会捐助最后也是由政府统一调度和支配，由此可以看出我国目前在自然灾害救灾过程中政府主导色彩十分明显。

对于重大自然灾害，1997—2008 年期间，无论是政府救灾补偿比例还是社会捐赠救灾补偿比例都低于 5%；到了 2008 年政府救灾补偿比例与社会捐赠救济补偿比例两者都突然上升，社会捐赠比例到达了 20%，政府救灾补偿比例 14% 左右。为什么 2008 年突然上升了，由于 2008 年发生了汶川地震，这次地震唤醒了社会捐赠意识。但 2008 年后，政府和社会救灾补偿比例都开始下降。这表明社会捐赠救灾在重大自然灾害面前是可以激活的，平时社会捐赠不积极，但到了危机时刻，社会还是能够挺身而出。

综上，作为一个自然灾害多发的国家，每年在自然灾害中遭受的损失巨大，因此也伴随许多民生问题亟待解决。而我国目前仍处于对自然灾害进行以政府为主导的救助模式，在充分认识到这种救助赔偿模式所具有的一定的合理性的同时，我们更需要开始寻求革新的道路。

二、我国自然灾害的救助补偿模式

（一）政府主导的救助补偿

我国自然灾害补偿方式以政府主导为主，即以政府为主体，以财政资金和必要的行政手段为主要的工具，对全社会自然灾害风险进行管理，以及进行灾害损失的分摊和补偿的灾害管理机制。[1] 政府主导的补偿模式具有灾害风险管理的政府主体性、资金配置的财政性、管理方式的计划性和实施手段的行政性等特点。其优点在于国家能够迅速和集中地调动救灾资源、能够保障灾害救助过程中的公平性、能够在特殊时期动用非经济手段（如物质的管制和配给等）维持社会的稳定。

如汶川震灾发生以后，救灾资金统一由中央财政拨款并进行监督。中央财政于 2008 年 5 月 12 日当天向四川省紧急下拨抗震救灾资金 7 亿元，其中，综合财力补助资金 5 亿元，自然灾害生活补助应急资金 2 亿元。在灾害后的救助补偿方面，政府对因灾遇难人员家庭按每位遇难者 5000 元的标准发放抚慰金，免除遇难者遗体火化费用，对倒房救助采用户均 1 万元的标准，并向

---

[1] 谢家智．我国自然灾害损失补偿机制研究［J］．自然灾害学报，2004（4）：30．

受灾群众提供自然灾害生活救助资金用以帮助解决突发性自然灾害应急问题。自然灾害生活救助资金由中央和地方财政安排。从汶川地震灾后救助补偿看，灾后救助补偿由政府主导，政府给予了汶川地震中受害者相关的政府补偿、政府救助、政府救济等救济措施。

（二）社会捐助

在日常生活中，我国社会救助或捐助比例比较低，但一旦遭遇到重大事故或者重大自然灾害时，就会唤醒民众的社会责任意识，激活民众的社会捐助。如在发生汶川地震后一个月，汶川地震救灾与重建过程中央和地方财政共拨付抗震救灾资金536.07亿元；社会各界捐赠款物总计445.74亿元；而保险赔付不过3.6亿元，并且其中1.95亿元为人身保险赔付，只有1.6亿元为财险赔付。[1] 从汶川地震救助来看，政府和社会救助补偿所占比重较大，但保险比重较小。同时，值得注意的现象，即社会捐助虽然在自然灾害时发挥较大作用，但是社会捐助或者民间捐助具有不稳定性。只有在巨灾时或重大灾难时，才会被激活，平时社会救助或捐助不活跃。如果面对一般自然灾害，可能得到的社会捐助较少。

因此，社会捐助根据自然灾害的情势而变更，这对于自然灾害受灾人的保障，具有不确定性。我国需要一个稳定的、有序的、有预期的社会救助体制，作为自然灾害救助的一种长效机制，能够兼顾各种情势下的自然灾害的社会捐助，而不仅仅是巨灾情形下的社会捐助。

（三）保险赔付

当前，我国已经基本形成了以各级财政资金投入为主，以社会捐助资金为补充，同时发挥保险市场作用的自然灾害救助体系。从实际效果来看，根据相关研究资料估计，我国自然灾害保险赔偿占自然灾害损失的比重不到3%，自然灾害损失保险没有发挥出对自然灾害赔偿的作用，其自然灾害保险在我国的发展与其他国家相比有相当大的差距。

我国在自然灾害保险方面投保率低，其原因主要有：一是我国巨灾保险

---

[1] 边慧.汶川地震呼唤巨灾保险［J］.中国金融家，2008（7）：74.

采用自愿巨灾保险方式，商业保险公司基于商业利益，针对巨灾设计了较高的保险费率和保险门槛，导致潜在的投保人积极性不高。二是巨灾风险性极大，一般保险公司难以承受其自然灾害损失的赔付，承保巨灾险积极性不高。在国外，巨灾保险赔付曾经导致保险公司破产的例子不在少数，因此，需要发展再保险市场，以此分散保险公司的损失，而我国再保险市场发展不完善，针对自然灾害的再保险积极性不高。三是我国对巨灾保险的激励不够。巨灾风险较大，带来的损失巨大，保险公司设置较高的费率，投保人不愿意投保，设置较低的费率，商业保险公司也不愿意，因此，自然灾害保险不能按照一般商业保险模式，需要政府给予保险公司或公民个人的激励，比如财政补贴或者税收优惠等。四是民众保险意识不强。目前我国保险意识整体不高，更不要说自然灾害保险了。可以说，自然灾害损失商业保险在我国具有一定的稀缺性。

三、我国自然灾害救助补偿的问题

（一）自然灾害救助补偿以政府为主导的不足

自然灾害救助补偿有以市场为主、以政府为主导，以及市场与政府相结合的模式。我国采取了以政府主导为主的灾害救助补偿模式。其不足主要是：其一，政府资金的有限性。我国自然灾害造成的经济损失过大，虽然中央和地方政府投入了财政资金给予救灾和救助，但是有限的政府财政资金解决的只是临时性、紧急性的特殊救助，目前国家救灾只占损失的 2%~3%，实际上受灾者承担了主要损失。这表明我国自然灾害损失救助、补偿的社会缺口还是非常大的。其二，不利于实现社会风险单位减灾救灾的激励目的。从汶川地震来看，政府救助或社会救助，在重大自然灾害时，自然灾害救助被激发，因此自然灾害救助是被动的，不具有积极主动性。自然灾害不仅仅是事后的救助、补偿和帮扶，更重要的是事前的预防。其三，降低社会资源配置的效率。由政府主导的救助补偿模式可以实现救助的公平性和对弱势群体的照顾，但有时难以兼顾效率，导致国家灾害救助中管理费用和交易成本的上升，甚至在某些管理部门出现寻租、恶意挤占和挪用防灾救灾物资与款项，降低了

社会资金的配置效率。❶

虽然对政府主导自然灾害救助有如前所述的诸多好处，但自然灾害救助补偿以政府主导的不足显而易见，随着对汶川地震及其他自然灾害的案例进行分析与总结，我们不免也发现一些值得改进的问题，需要直面与解决。

（二）自然灾害救助补偿缺乏规范标准

近年几次重大自然灾害中死者的救助补偿标准如下：2008年汶川地震，对因灾遇难人员家庭按每人5000元的标准发放抚慰金；2010年玉树地震，青海省对每位遇难者每人发放8000元抚恤费；❷2010年舟曲泥石流灾害，甘肃省为每名遇难者家属发放8000元的抚恤金和慰问金；2012年彝良地震，对每位遇难者的家属给予2万元抚恤补助金。有学者还描述过这样的例子：相邻的两家中一家因地震造成的房屋损失获得救灾补偿2万元/间，另一家被洪水或泥石流摧毁只获得补偿0.7万元/间。❸

由此不难看出，即使是同属突发性自然灾害的事件，汶川地震与玉树地震的赔偿金额也有差异。而主流学术观点认为，突发事件国家救助的标准主要应根据政府的综合财力、居民消费水平、救助对象的数量、救助对象的需求四个因素来共同确定。而通过对我国主要的突发性自然灾害救助项目的研究结果来看，因灾倒房重建补助、临时性安置补助、因灾损房维修补助等政府救助的支出，多数情况下的确按照这四个因素确定的标准进行。但在某些后果极其严重、社会影响十分重大的事件中，国家救助的标准除了因救助对象需求的因素而确实存在人际差异之外，则完全背离了政府财力、居民消费水平、救助对象的数量三个因素。

很显然，因标准不清而导致的随意性很强的自然灾害救助，对社会公平是有所损害的。自然灾害政府救助无疑是从一个正义性角度出发，但在其实施过程中由于程序的不完善与标准的模糊却导致了个体权利并为得到公正的

---

❶ 谢家智.我国自然灾害损失补偿机制研究［J］.自然灾害学报，2004（4）：30.
❷ 赵黎明，王忠.基于ARIMA模型的我国自然灾害救助支出研究（1978—2007）［J］.天津大学学报，2010（3）：193-196.
❸ 林鸿潮.我国非常规突发事件国家救助标准制度之完善——以美国"9·11"事件的救助经验为借鉴［J］.法商研究，2015（2）：24-34.

满足，并会由此带来许多衍生的问题。

（三）自然灾害赔偿的市场化应对机制不足

在我国，由于政府主导的对自然灾害采取的救助、补偿和救济强度大，往往使受害者产生一种侥幸和依赖心理，认为受灾后由政府来出钱补偿民众是天经地义的事情，因而民众不愿参加市场化的保险机制，甚至大多数民众没有参与灾害保险的意识，从而导致灾害保险的参保率不足。

在我国的地震等自然灾害多发的地区，恰好是地方政府财力相对并不宽裕的区域，相当多的地方政府尤其是县乡财政赤字严重，中央财政除了一般的常态性财政预算拨款之外，还会安排中央救灾资金，用于遭受特大自然灾害的省，在安排灾民基本生活经费发生困难时，给予的专项补助，遵循专款专用、重点使用的原则执行。因而政府的救助补偿是有限的，而一次自然灾害造成的损失是巨大的，这也对受灾区域，甚至周围邻近地区的政府财政造成相当大的压力。

自然灾害政府救助责任的过度分担，不仅导致了地方财政极大的压力，也导致了国家宏观调控与市场之间的失衡。而实际上，与政府相比，市场赔付的灵活性与可行性反而是更高的。相比政府的基本生活保障性的救助，巨灾保险赔付、巨灾风险救助基金的作用，显然更能够用于解决自然灾害所带来的后续问题。

然而，在我国目前的自然灾害的赔偿机制下，政府主导色彩过重，市场应对份额严重失衡。我国的巨灾保险体制机制并未得到完善建立，民众的保险意识很低，对于巨灾风险的投保率也不高，致使保险赔付无法发挥其正常作用。而自然灾害救助基金的建立也处于初级状态，从基金数量到基金种类都不够完善，基金的发展也存在许多问题。

（四）自然灾害救助补偿程序规定不明

在我国，对自然灾害受害者提供救助的标准，以及如何救助的程序确定不明，迄今尚未有统一的立法规定。无论《自然灾害救助条例》，还是《社会救助暂行办法》都没有解决这一问题。由于程序规定的不明，导致在进行自然灾害救助的具体实践中出现许多问题，如各地区之间的救助、补偿和赔偿程序有别，救助程度也不同。而救助的程序性的缺失，使得政府的赔付和救助行为面临诸多问题。

在对我国的灾害管理的相关法律法规的研究中发现如下问题：一是自然灾害相关的基本法缺失，没有一部足以统领全局的明确的灾害管理办法。目前我国自然灾害中的管理、救助、补偿和赔偿等，采用的是"一事一法"的应对模式，而不是需求复合型自然灾害的解决办法。二是法律结构不完善，依然留有很多空白，立法少且不全面。三是部分单行法之间存在冲突，面对灾难风险管理时难以协调，导致效率低下。为了明确政府对自然灾害的救助标准和程序，就需要解决这些法律体系构建的问题，同时不断加强对自然灾害风险管理体系的完善。

四、我国自然灾害中赔偿转移的改革建议

我国在对自然灾害的救助实践中形成一种以政府为主导的救助模式，其不足在于政府资金的有限性，只能解决自然灾害中临时性、紧迫性的救助补偿；同时，我国自然灾害以社会捐助作为补充，但社会捐助则具有不稳定性，不能对自然灾害给予稳定、有预期的救助补偿。以市场方式解决自然灾害问题的商业保险则在我国发展不足，在自然灾害中的占比较小，起不到保障自然灾害受害者的目的。在自然灾害中，受害者不仅仅希望获得政府的救助补偿或社会捐助的临时紧急帮扶，而更希望通过市场方式，如保险理赔获得赔偿，从根本上保障自己的优质生活。因此，我国自然灾害救助模式应该是政府为主导的救助补偿、市场化的商业保险的赔偿转移、政府与市场结合的赔偿转移。

（一）自然灾害以政府为主导的救助模式的改革

1. 自然灾害以政府为主导救助的正当性

亚里士多德认为分配正义的核心是"得其所应得"[1]。我国在国家治理和治理现代化过程中，也强调了分配能力和分配正义的问题。习近平总书记指出：

---

[1] 亚里士多德.尼各马科伦理学[M].苗力田，译.北京：中国社会科学出版社，1990：95.

"我们将完善再分配调节机制，在做大蛋糕的同时分好蛋糕，扩大中等收入群体。"国家现在正在进行的国家治理改革，就是要缩小贫富差距，实现共富。其实分配正义不仅包括要缩小贫富差距问题，还包括对弱势、生活困难和遭受灾难人群的救助、帮扶，这也是分配正义的应有之义。如在汶川地震中普通民众损害严重，政府对于受灾群众所进行救助与赔付，以及社会捐助，可以说体现了亚里士多德所说的分配正义，也是我国治理能力提升的一个表现。个体在自然灾难面前是弱小的，无力抗衡，在遭受严重自然灾难时，是无助的，需要国家、政府和社会的帮助，而国家、政府和社会的无私帮助，在法律意义上来说，是一种分配正义。

2. 政府应该主导私人保险与公共基金的结合

在美国，政府在自然灾害中也起着重要作用，但与我国不同，我国自然灾害以政府为主导，主要是以政府财政资金去进行救助补偿，而美国的自然灾害以政府为主导，是设立公共基金，对超出私人保险市场的能力范围的自然灾害损失，政府引导由私人保险向公共基金转移。即美国自然灾害政府主导主要是私人保险市场无力承保的范围，这些范围由美国政府主导，从实质上看，是政府与市场的有机结合。

因此，我国应该借鉴美国经验，虽然强调自然灾害政府主导作用，但应是在私人保险市场无能力解决问题的范围，由政府主导，如果私人保险市场有能力解决的，则不能由政府主导自然灾害救助、补偿和赔偿。

（二）建立政府与市场共同发挥功效的救助模式

1. 建立和完善自然灾害保险制度

在汶川地震事后，我们发现保险公司在这起灾难性事件中，没有发挥很好的作用，主要是大部分民众没有进行商业投保，导致在地震发生后，对受灾民众的安置工作，主要依靠政府和社会捐助。在很多自然灾害频发的国家，在经历巨大自然灾害发生后的一到两年内，就会开始建立起巨灾保险制度，如在1964年新潟大地震发生后两年，日本就颁布了《地震保险法》，建立了由政府主导、政府和商业保险公司共同参与的地震保险制度。❶ 而汶川地震已经过去了十多年了，我国在地震方面的保险制度仍然没有完全建立起来。目前相关的保险制度仅仅在我国部分地区进行试点，尚未在全国范围内推行。

针对汶川地震，我国采取以政府救助为主、群众募捐为辅的救助方式。这种方式被称为"举国体制"，即以政府为主体、以军队和警察为核心力量、以财政为支撑的自上而下的纵向巨灾风险管理体制，辅之以社会力量，如非政府组织、社会捐助、慈善、公益等。汶川地震受灾民众能够及时获得安置和救助，这与我国的举国体制有关。但是汶川地震受灾面积大、受灾人数众多，受害程度深，即使是举国救助，汶川地震中的灾民实际获得的补助仍较低，仅仅能够保证基本生活需要，也给地方和中央财政造成了巨大负担。

从汶川地震中得到经验教训是，要使政府与市场的责任达到均衡，不能主要依靠政府，根据国外经验和我国现实情况来看，保险制度是对自然灾害进行救助与赔偿的重要手段。

2. 提高民众的保险意识

从汶川地震赔付来看，只有少部分人获得了保险公司赔付，大部分民众并没有投保。这一方面说明我国保险制度的不完善，另一方面说明我国民众的保险意识薄弱。问题的原因：一是保险公司对有的事项不愿入保；二是民众对保险公司投保的内容不相信，同时民众也带有侥幸心理，认为灾难不会发生到自己头上。所以，我国自然灾害保险制度的完善与建立，为自然灾害可能造成的损失进行"保险"，可以减轻政府压力，充分发挥市场的作用。这就要求预防地震灾难事故不仅是政府与作为市场方的保险公司的事情，民众也是其中重要的一环。如果离开了民众的自觉投保、积极参保，那么保险制度很难得到深化推进。因此需要将提高民众保险意识作为一项基础性工作来开展。

3. 建立自然灾害基金制度

在汶川地震中，救助资金来源主要是中央和地方财政以及部分社会捐助，

---

❶ 姚国章. 日本灾害管理体系：研究与借鉴 [M]. 北京：北京大学出版社，2009：14-15.

保险没有发挥重要作用，更没有看到类似西方国家自然灾害基金。在面对自然灾害，尤其是造成巨大损失的巨灾时，仅仅依靠政府的财政补偿是不可持续的。为了拓展救济资金的来源渠道，需要将保险立法与基金制度相结合。

以挪威为例，1980年挪威议会立法成立了挪威自然灾害基金，基金会由隶属于政府的一个专门委员会来管理。基金管理委员会有8位成员在年度议会选举中产生，4年一届。基金的运作完全采用商业化的方式。挪威境内所有经营火灾保险业务的公司均是NNPP的成员单位，目前为止有70家左右的保险公司是基金会的成员。各保险公司制定并收取巨灾保险的保费，负责理赔事项。法律规定，凡是巨灾保险责任范围内的所有损失都必须告知基金管理委员会，由委员会根据各保险公司费率的高低及市场份额在成员公司之间进行分摊。针对每次巨灾，委员会都会制定统一的理赔方案，以保障各成员单位理赔的一致性。[1]

美国灾难专项补偿基金。美国在面对灾难时一般采用专项补偿基金形式，对灾难受害者给予补偿。比如墨西哥湾的"深水地平线"钻井平台爆炸，导致墨西哥湾区石油泄漏事故，美国政府和英国石油公司共同设立一个专项补偿基金项目，给受害者补偿。再如2005年美国卡特里娜飓风事件，美国建立一个赔偿/补偿基金来处理飓风事件中的受害者，以应对公共危机。还有"9·11"恐怖袭击事件，在恐怖袭击仅仅13天之后，美国国会就颁布了一项法案，即为在该起事件中遇难者和受伤者家庭设立一个前所未有的公共补偿基金项目。可以看到，美国在突发事件时一般采取设立公共赔偿基金项目或专项补偿基金项目，来应对这次灾难。那么美国灾难专项补偿基金来源是什么？一般包括两个方面，即纳税人的税金和附属来源。而附属来源又分两个方面，即保险和慈善捐款。美国在应对巨大灾难时，一般也会政府主导，但会建立就该起事件而设立的专项补偿基金项目。项目基金主要是来自税金，保险和慈善捐助作为补充。

纵观挪威和美国在处理自然灾害时方式，体现出了自然灾害风险分担的

---

[1] 张萍.建立我国巨灾风险损失补偿机制的研究[J].黑龙江金融，2013（7）：49-51.

多样性与资金来源的多样化。商业保险公司、资本市场和政府的共同承担有利于分担自然灾害赔付的压力。并且由此拓宽资金的来源渠道，充实保险基金，提高偿付能力。

（三）加强自然灾害风险管理法律体系的构建

汶川地震已经十多年了，我国在自然灾害管理方面的相关法律、法规仍然有一些问题：一是缺乏统领自然灾害全局的灾害管理基本法。需要改变我国目前的"一事一法"的应对模式。虽然美国也是"一事一法"模式，但美国是在美国国会授权情况下，由美国联邦政府组建团队，对自然灾害中的事故进行"一事一法"的处理。而我国主要是由各地政府为主导的模式。因此，有必要建立自然灾害基本法，让全国自然灾害救助、赔偿有法可依。二是自然灾害法律结构不完善，依然留有很多空白，立法少且不全面。三是自然灾害部分单行法之间衔接不紧密，导致在灾害风险管理时协调难、效率低。要解决这些问题，就需要加强自然灾害风险管理体系的完善。

比如可以借鉴日本的自然灾害风险管理的经验。日本是一个自然灾害频发的国家，日本通过完善一系列自然灾害相关法律体系，防范自然灾害和管理自然灾害的事后处置。日本设立统领防灾救灾减灾全局的基本法，将基本法、专门法和相关法律有机结合。比如日本的《灾害对策基本法》[1]，就是日本应对自然灾害的基本法，其规定了应对自然灾害的总则、原则、组织、计划、预防和应对策略等。我国目前缺少像日本这样的灾害基本法，主要是应对灾害的专门法和相关法律。从日本的自然灾害风险管理的法治体系中吸收的相关经验有助于加强对我国现行相关法律制度的完善，加快实现我国在自然灾害的风险管理方面的法制化进程。

五、小结

通过对个案深入剖析，才能真正地深入了解事件，找出问题所在，并加以完善。本文探讨自然灾害中的损害赔偿转移，但大多在论证自然灾害的政

---

[1] 其主要内容包括总则、防灾组织、防灾计划、灾害预防、灾害应急对策、灾害恢复、财政金融措施、灾害紧急状态、杂则与罚则，共10章117条。

府救助补偿，这与自然灾害赔偿转移有什么关联性？本书认为在当前我国自然灾害救助体制中，仍然是以政府主导救助为主，但无论是政府救助还是社会捐助，都只能解决自然灾害中受害者临时紧急的困境，不能给予自然灾害中受灾者优质生活，因此，需要进行自然灾害损害赔偿的转移，把民众自然灾害中的损失转移给商业的保险市场。自然灾害中的受害者从保险公司获得赔偿，而不是救助、救济或补偿。比如一个人在地震中房屋倒塌毁损，他不仅仅希望从政府救助或社会捐助那儿获得临时紧急的救助补偿，他更希望通过保险理赔，获得原初房屋同等价值的赔偿，以期重获其以前的优质生活。

第四节　食品安全责任中的赔偿转移

我国目前的食品安全问题情况不容乐观。食品安全事故不仅会对消费者的生命健康产生可逆或不可逆的损害，而且还会造成巨额的治疗康复费用。一方面，在食品安全事故中涉及众多消费者不能及时得到赔偿，可能产生社会问题。另一方面，食品安全事故还会严重影响到食品企业的发展，更甚者会导致企业破产，如三聚氰胺中毒事件，导致三鹿公司宣告破产。因此，本节探讨食品安全事故赔偿转移问题，即由食品安全"责任"向"连带责任"的转移，在我国实施食品安全保险制度。现代保险具有经济补偿和社会管理功能，一方面能够促进社会各方的协调，另一方面还具备事前预防作用，减少和防止食品安全事故的发生。

一、问题提出

以"三鹿毒奶粉"事件为例，牵涉其中的受害婴幼儿数目巨大，截至2008年12月底，全国累计免费筛查2240.1万人，累计报告患儿29.6万人，住院治疗52 898人，已治愈出院52 582人。波及人群数目十分庞大。这种规模的侵害，是对众多的、不特定的人的利益的侵犯，换言之，侵害的是一种公共利益和公共安全。❶事实上，关于"三鹿毒奶粉"事件中的受害者在统计上其实是不确定的，因为在毒奶粉事件中还存在潜在的受害者。由于"三鹿毒奶粉"事件波及面特别广，有些伤害可能需要一定时间才能显现。比如在事故发生之时，伤害没有显现，而过一段时间伤害才会显现，在这种情况下一些潜在的受害者就不会被发现，导致事件中的最终受害人的人数肯定是增加的。面对数目众多的受害者，由于毒奶粉对其造成的生理上的伤害，最终会反映到社会，成为一个社会问题。

然而，在众多有关食品安全事件中，出现了救济困境。其一，因果关系难以证明，如三鹿毒奶粉事件、长春长生疫苗事件，这些突发事件中，一些被卷入其中的受害者在身体、财产等方面遭受侵犯，公共卫生安全事件形成了一定规模的侵权行为，事件中的企业很明显构成了民法上的侵权责任。当然也构成了刑事责任，在此不说。一般侵权责任的原则是"谁主张，谁举证"，为了维护受害者的权益，证明损失与事件之间的因果关系至关重要，即在侵权责任法的责任构成要件下，要证明加害来源与损害后果之间具有关联性。❷然而，在三鹿毒奶粉事件和长春长生生物疫苗事件中，由于事件涉及一些专业的技术问题，一般受害者很难对加害来源与损害后果有着清晰认识，也很难自己举证证明其中的因果关系。也就是说，在公共卫生安全事件中，受害者存在举证责任不清、证据收集保存困难等棘手难题。

其二，对受害人的事后救济不够充分。在公共卫生安全事件中的致害者即侵权人，在事件发生后的事后救济能力或者说他们的经济支付能力是存疑的。比如"三鹿毒奶粉"事件中的侵权主体三鹿集团最终导致退出市场竞争舞台的结局。我国传统的诉讼模式在面对突发事件所造成的大规模侵权，已经不适用当今形式发展需要，已经无法对突发事件中的责任分担做到科学高效的判断。因为传统诉讼局限于个人诉讼，不鼓励集体诉讼，导致潜在的受害人权利得不到保障，这是对事件受害人的再次侵权。

---

❶ 曹昌伟. 大规模侵权损害救济的政府介入及其规制[J]. 河南师范大学学报，2012（3）：62.
❷ 朱岩. 侵权责任法通论 总论 责任成立法[M]. 北京：法律出版社，2011：183.

由于公共卫生安全事件中的侵权人（企业）面临突发事件，自身赔偿能力不足，导致受害人的救济得不到保障，同时由于受害人在突发事件中举证能力有限，导致举证责任的困难，也很难获得救济。因此，公共卫生安全事件中赔偿转移势在必行。本书选取公共卫生安全领域中的食品安全为切入点，论证在我国实施食品安全责任保险来转移食品安全中的损害赔偿问题。

二、我国食品安全损害赔偿存在的问题

（一）食品安全损害赔偿形成"行政主导型"赔偿模式

"行政主导型"赔偿模式，即由国家承担主要的受害者救助和赔偿责任。食品安全责任，本应由食品安全责任者承担赔偿损害，但是在突发的公共卫生事件中，食品安全涉及的人数众多、危害面广、危害严重，有时政府出于维护社会秩序的需要，会对突发的公共卫生事件中受害人给予救助。如对朔州假酒中毒患者、三鹿毒奶粉事件受害婴儿，政府都积极制定了应对措施，基本实行免费救治，由医院对患者医药费先行垫付、政府事后财政补贴。政府通过其掌握的公共资源，积极应对，取得良好的社会效果。然而无论是由医院先行垫付还是事后的政府财政补贴，都可能导致政府或医院的负担过重。张新宝教授指出，运用公共财政资源应对诸如汶川地震等自然灾害当然无可厚非，但对于有明确责任人的大规模侵权案件，此种行政主导的救济模式虽然颇有效率，但公平方面的问题却往往被忽视，整个社会的纳税人要为肇事的个人和企业"买单"，有违社会公平正义。[1]

（二）食品安全责任赔偿由居民个人和医疗保险承担

以三鹿毒奶粉事件为例，全国大约有20万名患儿被确诊出因食用三鹿奶粉而成为结石宝宝，还有许多潜在的受害患儿，有相当一部分患儿此后的医疗费用是由居民个人承担的。虽然我国医疗制度改革相比以前有了很大进步，特别是我国医疗保险制度基本上建立起来，做到了城乡全覆盖。事件中的患者医疗费用可以获得基本医疗保险。但是目前存在的主要问题是报销的范围

---

[1] 张新宝.大规模侵权损害赔偿基金：基本原理与制度构建[J].法律科学：西北政法大学学报，2012（1）：119.

和比例不能减轻患者的负担。比如在三鹿毒奶粉事件中的受害者，虽然地方政府将救治药品与费用纳入城镇医保或新农村合作医疗报销范围，但报销比例因医院等级不同而不同，三甲医院报销比例相比一、二级医院要低。对于在食品安全责任事件中严重患者一般需要在医疗条件好的三甲大医院救治，家庭仍需负担一部分的治疗费用，这对于普通家庭来说仍然是一笔大的开支。这说明，三鹿毒奶粉事件中的受害者有相当部分损害由居民个人和社会医疗保险承担。

（三）食品安全责任中补偿标准不确定

在突发的食品安全公共卫生事件中，政府救助的标准直接涉及国家救助的具体金额，同时也是突发公共卫生事件中的受害者最为关心的问题，这直接关系到受害者是否能弥补其自身损失，以及其权益是否能得到有效保障，而往往救助标准不统一或是救助标准过低是造成食品安全责任赔偿纠纷频发的重要原因。在某些突发的公共卫生事件中，政府给予的救助金会超过救助金用于保障最低生活水平，有时甚至超过一般的补偿。因此，由于公共卫生事件中的政府救助或补偿标准不确定，导致了在突发的公共卫生事件中，政府在何时进行救助、何时进行补偿、何时进行赔偿方面会有所混淆。

（四）食品安全责任中补偿程序不完善

"没有程序的保障的地方，不会有真正的权利保障。"❶因此，国家救助、补偿制度需要一个相应的程序来保障其有效运行。而在现行立法中，缺少相关的国家救助、补偿和赔偿程序法，而在有关的国家赔偿立法中，其规定过于笼统和抽象致使实践中受害人无法有效行使求偿权，国家赔偿程序的缺失导致国家赔偿缺乏公正性和合理性。

1. 政府救助、补偿和赔偿金的使用状况未能及时向社会公布

公民享有知情权，对于突发的食品安全公共卫生事件中的受害者而言，国家救助、补偿和赔偿资金的使用关乎其切身利益。但是，纵观我国有关于突发公共卫生事件的法律法规，但没有一部对于公民的知情权做出详尽的规

---

❶ 高景芳，赵宗更. 行政补偿制度研究［M］. 天津：天津大学出版社，2005：196.

定。因此，欠缺公民的知情权和相关组织的告知义务的规定，致使运作资金透明度低，不必要的增加了受害者的猜疑。以三鹿毒奶粉事件为例，在三鹿毒奶粉事件爆发3年后，政府才在相关的网站上公布相关赔偿金信息，由于许多受害者不能及时了解政府赔偿金去向，导致了不信任。

2. 政府救助、补偿和赔偿缺乏有效的救济途径

在突发的食品安全公共卫生事件中，国家救助、补偿和赔偿纠纷已经逐渐成为社会焦点问题。政府赔偿救济方式通常是行政复议和行政诉讼，而现行有关国家赔偿的立法却很少涉及相关公共卫生事件救济程序的设置。相关赔偿救济法律程序的缺失致使在突发的公共卫生事件中政府赔偿制度不能全面、有效地发挥作用，而有些法律条款虽然对救济程序有所规定，但是也因其范围不确定和程序问题使得公共卫生事件中政府赔偿制度发挥不了作用。

3. 食品安全责任中分权机制不完备

突发公共卫生事件危机管理由政府主导，缺乏"第三方"的危机管理，导致公共卫生事件的分权机制不完备。对于社会公共治理，政府作用不可替代，但也应该发展其他机构和组织，对公共卫生处理可以适当放权。在当前体制下，对社会管理和治理集中于我国各级政府及其职能部门，而对社会"第三方"授权过小。在西方国家，很多社会治理要依靠社会组织来完成。我们应该进行社会治理的变革，在公共卫生事件中赋予医疗机构和社会组织一定自治权，在法律允许范围从事一定的公共治理事务。这样的好处在于避免权力过度集中，同时也避免公共卫生事件危机管理过度依赖政府，让"第三方"机构和组织发挥一定的作用。

三、我国食品安全损害的赔偿转移：食责险

食品安全责任本应有侵权人承担责任，但由于食品安全有时会形成公共卫生安全事件，涉及面广、危害人数众多，侵权人无力承担赔偿责任。而食品安全问题又是我们每一天必须面对的问题。面对我国食品安全责任中存在的侵权人无力赔偿，或者侵权人跑路，导致受害者找不到侵权人；还有在诸多重大食品安全责任事件中，食品安全责任导致由政府埋单，或者由居民个

人承担相关损失，或者把本应该由侵权人赔偿的责任转移给我国基本医疗保险承担。面对这些问题，我国食品安全责任中的赔偿，必须实施赔偿的转移。其中食品安全责任中实施食责险和食强险，其实质就是把食品安全责任的赔偿责任转移给第一方保险或第三方保险，从而达到保护消费者的人身安全，进而保护消费者的食品安全权。

（一）《食品安全法》鼓励食品安全责任险

2009年，我国正式颁布实施《食品安全法》，随后我国又颁布《食品安全法实施条例》。2015年10月1日，新修订的《食品安全法》正式实施，并且同年也起草了《食品安全法实施条例修订草案（征求意见稿）》。虽然修订时间有些紧促，但是新法中还是提出了许多严格的措施，更是强调了关于"责任"由谁负，提出了"首负责任制"和承担连带责任的一些情况等。新法表示国家鼓励经营主体积极参加食品安全责任险，这对于食品安全责任强制险在我国的建立打下了良好的根基。随着《侵权责任法》的实施以及对食品安全责任认识得以深化，食品安全责任的界定会逐渐程序化、规范化，为实施食品安全责任保险制度构筑起必备的法制环境。[1]

（二）国内食品安全责任险的试点经验

2016年年初，安徽试点食品安全责任险。安徽颁行草案版的《食品安全条例》，该条例明确要在全省的范围内针对食品构建起全程追溯机制；网络交易一定要获得对应的经营许可，即便是小作坊和小餐饮企业，也要予以登记备案；针对食品安全责任完善约谈机制；信用水平比较高的经营者还要强化检查频次，予以严格监督。

安徽选取了涉及食品安全生产和流通的重点行业领域作为试点范围，具体涵盖食品生产加工环节的肉制品、食用油、酒类、保健食品、婴幼等企业和经营环节的集体用餐配送单位、餐饮连锁企业、学校食堂等。方案首次将食品安全纠纷易发高发的各类网络食品、交易第三方平台的入网食品、经营单位纳入保险保障视野。与此同时，方案还针对安徽各地特有的、属于食品

---

[1] 胡易庚．食品安全强制责任保险制度研究［D］．北京：中国政法大学，2010：31.

安全事故高发的行业和领域予以制度安排，鼓励其他领域食品安全生产经营单位积极投保。针对责任明确的重大食品安全损害事故，积极提供预付赔款化解矛盾纠纷，最大限度发挥保险"社会稳定器"作用。

（三）保险公司和保险业已具备食责险的技术和能力

1. 保险公司掌握了成熟的承保技术

针对产品责任、第三者责任以及交通事故，我国的保险企业予以处理时，对应的险种有产品责任险、第三者责任险和交强险，可以说在责任保险领域，积累的经验还是比较丰富的，对于责任风险，也有专门的评估分析团队。现在，针对食品安全风险，我国已建立检测评估机制。按照新颁行的《食品安全法》，我国已针对食品安全制定出具体的标准，这些对于分析和评估风险，还有保险定价，都能予以客观数据的支持。[1] 我们每个人都有过购买保险的经历，即使是没有车没上过交强险，那也一定上过人寿保险、意外伤害保险等，现如今在日趋激烈的竞争中，保险公司通过不断提升自己的业务水平，提升实力，经过多次的试验和推敲，推出丰富多样的险种供人们选择，为人们的生活提供了极大的便利。虽然现在大多数保险公司在食品安全这方面拥有的险种还不是很多，不过随着食品责任保险的不断发展以及保险公司在其他方面已经成熟的承保技术，在食品安全责任保险方面肯定会有相应的多种险种供企业选择。

2. 保险业自身承保能力正在加强

现在国内经营财产险的企业已经超过了50家，经营人寿险产品的企业超过了60家，可以说保险行业在中国已初具规模，保险企业的承保力提升很大，在食品安全险方面完全具有经营能力。[2] 伴随保险机构在数量上的增加，整个保险市场的持续扩大，还有保险资金的具体运用渠道日渐拓展，还有整个行业利润的大幅增加，这都对保险之于我国的发展予以了具体的体现，保险业的承保能力也随着时代的发展和要求以及公司规模的扩大不断加强。这些年，我国保险市场将逐步融入国际保险市场，不管是服务还是其他各个方面都更

---

[1] 刘中华. 食品安全强制责任保险发展及制度构建 [D]. 成都：西南财经大学，2012：31.

[2] 胡易庚. 食品安全强制责任保险制度研究 [D]. 北京：中国政法大学，2010：32.

加自由化，承保能力也会随之不断增强。保险业在我国发展迅猛，很快涉足食品安全领域，在引入保险之后，食品行业也可以得到更好的发展，保险行业则获得了新的发展力量和机会。

四、我国食品安全损害的赔偿转移：食强险

（一）我国内地食品安全强制保险的试点经验

虽然安徽省食品安全责任保险试点取得了不错的成效，但是早在 2014 年 9 月 4 日，湖南省 7 家食品企业与中国人民财产保险湖南分公司签订食品安全责任强制保险，率先试点湖南食药安全责任强制保险工作，开全国先河。2014 年内，湖南省在生产企业、食堂和餐饮服务等领域启动食品安全责任强制保险试点工作，为不下 1000 家食品生产经营销售企业、食堂等提供了十几亿的风险保障。试点成功后，全国各省市调研组前来调研，为将来在全国范围内构建食品安全责任强制保险贡献出了宝贵经验。❶ 湖南省立足省内的实际情况，开发自己的专属保险产品，通过多种合作的方式构建保险推广模式，再加上政府的有效领导和不断的舆论宣传，使得食品安全责任强制保险工作的开展初见成效。

（二）我国台湾地区及德国食品安全责任强制险的经验

其一，我国台湾地区食品安全责任强制险的经验。我国台湾地区对于食品安全责任也无专门的规定相关的内容，不过我国台湾地区对于这一领域则是明确确立了强制食品业投保产品责任险这一机制。按照我国台湾地区相关部门的具体规定，强制保险的范围包含食品产业出现了缺陷产品、服务或者是没有达到安全层面合理期待的产品或者服务，可以是瑕疵，也可以是毒害或者是其他不能预料的伤害，并由于这些问题给第三人在身体上造成了伤害，甚至是残疾乃至死亡，依法被保险人应该给付赔偿责任，此时，保险公司按照规定予以补偿。❷ 但是我国台湾地区强制食品企业投保的承保范围比产品责任保险的承保范围还要大，不仅仅包括身体上的伤亡，还包括第三人财务上

---

❶ 钱恒. 我国食品安全责任强制保险制度构建研究［D］. 上海：华东政法大学，2016：23-24.

❷ 温雯，范庆荣. 食品安全事故责任强制保险的意义与借鉴［J］. 中外企业家，2012（17）：152.

的损失，由此可见，我国台湾地区的做法在本质上是要切实保障消费者的生命安全与身体健康。

其二，德国转基因食品强制保险的经验。我国在转基因食品这个问题上还存在很大争议，对于相关产品的审批也很严格，但是在德国，已经有了极其严格的转基因强制保险。生产销售转基因食品的主体在实施具体的经营行为前，均被要求予以强制投保，一旦因为转基因食品引发相关的安全事故，无论有没有过错，均要担负赔偿责任。对于转基因食品所造成之损害，生产经营者负有无过错责任，也就是说不管其有没有过错，都要担负对应的赔偿责任。首先是食品生产流通的各个环节都有严格的法律监督，保障食品安全。包装一定要清楚标注诸多信息，比如生产流程，生产主体等，这样一旦出现安全事故，才能够予以有效追溯。其次就是所有信息全部公开，让大众监督，让食品买得放心。最后为问题出现主体必须要勇于承担责任，将问题产品及时召回，对质量予以有效的保证。

（三）我国机动车交通事故责任强制保险经验

交强险于2006年在我国正式实施，是我国用立法形式所规定的第一个强制保险。按照法律规定，每一辆车均要购买交强险。交强险使得交通运输领域发生的相关安全事故获得了更好的保障，一旦出现险情，受害人可以得到更好的救济，其不只是帮助受害人在经济上获得了补偿，同时还可以降低肇事者所面临的严重经济负担，所以交强险被立法明确确定为必须购买的险种，只要车辆在我国境内行驶，都要投保这一保险。从投保方面看，交强险的强制性非常的明显，从承保方面看，任何保险企业都不能拒绝承保这一保险险种，对于已经达成的保险合同，也不能予以随意的解除。借此，对投保人的相关权益也予以了有效地保障。

食品安全责任强制险和交强险相同，均为借助强制手段为受害人予以及时保障，使得受害人的基本保障需求得到满足。食品安全事故和机动车交通事故都是日常生活中不可避免、有可能发生的事件，这两个事故的涉及当事人比较多，责任划分时需要通过第三方认定，如果交通事故可以通过强制保险的方式解决，那么同样食品安全事故也可以按照交通事故的处理方式进行解决。交强险所走过的发展历程告诉我们,要想在食品安全领域引入强制责任险,一定需要来自立法方面的支持,需要执法部门予以有效的配合,并且保险公司要提供给客户多种承保模式的选择,科学的合理的设计险种内容,保证各方的权利义务基本对等,在出现食品安全事故时使多方的权益得到最好的保障。

(四) 我国食品安全责任强制险设计与完善

1. 加强立法、完善配套制度

(1) 完善中央与地方的食品安全法律法规,形成中国特色的食强险立法体系。一项制度的构建,唯有以法律的方式赋予强制执行的效力,并在实践中不断修正和发展,才能最大限度地发挥其效能。[1]我国对于责任保险和强制保险的立法均不完善。[2]对于食品安全强制保险设置的过程,要更多的针对我国现有的国情和未来有可能发生的变化,适应社会主义市场经济。以《食品安全法》为基础,制定更多的相关立法制度,来约束食品生产流通的各个环节,形成一个单独的法律体系。先要对《食品安全法》予以修订,明确确认食品安全责任强制险。针对食品安全强制责任险制定具体的立法条例,对相关责任方的法律责任予以明确。

(2) 加强食品安全惩罚制度,防范食强险中的道德风险。首先,针对食品市场完善准入机制,于生产许可和出厂检验等多个环节设定强制要求。从源头上将食品安全问题的发生和出现杜绝。其次,要建立食品安全事故赔偿机制。第一是要建立食品追溯制度,在食品生产一直到端上餐桌的各个环节进行追溯,一旦发生问题就在相应的环节进行追责,从而实现保险的价值;第二是要逐步加强处罚的力度,避免食品企业自身的不道德因素,打击食品安全责任人保险中的不道德风险,使人们能够吃到放心的食品。虽然政府监管部门能够掌握的市场信息有限,但是可以通过建立救助基金制度等方式保

---

[1] 原也.食品安全强制责任保险制度研究[D].太原:山西财经大学,2015:32.
[2] 何锦强,孙武军.我国食品安全责任强制保险制度之构建——以强制自治为视角[J].保险研究,2016(3):64.

证与之有利害关系的第三人能更好地得到救济，实现强制保险的立法目的。[1]

2. 确定强制保险的相关主体

（1）食强险中投保人的确定。投保人为和保险人之间签订合同，约定保险标的、保险利益、保险费用的主体，可以是自然人，也可以是单位。[2]食品生产经营者要履行自己的权利义务，自觉投保。社会上的食品生产经营者大部分是具有相应的资质的，但是也不乏有一些流动的、未经许可就私自经营的食品生产经营者，比如我们早晨买早点的小餐车，这些食品生产经营者本来就是小本生意，大多数都没有能力购买强制保险，所以不同层次的食品生产经营者对于强制保险的需求是不同的，并非每一生产经营主体均能以投保人的身份出现。在食品安全领域，建议按照《食品安全法》明确确定投保是：依法于我国境内成立，登记注册，同时经营场所固定，生产销售食品产品、提供餐饮类服务的主体，可以是企业，也可以是自然人。

（2）食强险中保险人的选择。在食品安全责任强制险领域，保险人为根据强制险合同的具体约定，收取保费，在发生食品安全损害事故后，根据合同约定于责任范围内担负损害赔偿职责的保险企业。[3]基于食品安全事故的独特性，承保企业的偿付能力一定要足够的强，根据我国的目前情况，首先以中资保险公司为保险人。与外资保险公司比较来说，中资保险公司更具布局的广泛性、更具灵活性、更具稳定性，也更适合我国的国情，中资保险公司比较适合此类强制保险的承保。但是在选择中资保险公司时也要注意公司规模、管理体系是否完善等细节。

3. 食强险赔偿范围与免责

（1）赔偿范围的确定。以湖南企业为例，保险公司每年支付的赔偿金额累计不超过 150 万元，同时规定每次事故赔付给每个消费者的额度不超过 25 万元。于企业而言，在该保额下，年缴保费为 8000 元。看起来貌似合理的

---

[1] 杜波，宋云.论我国食品安全强制责任保险制度的构建［J］.食品安全质量检测学报，2013（1）：298.

[2] 唐金成，闭潇丽.我国食品安全强制责任保险制度研究［J］.区域金融研究，2014（2）：24.

[3] 熊俊琳.我国食品安全强制责任保险法律制度研究［D］.武汉：华中农业大学，2015：60.

赔偿范围也会存在问题，比如食品企业尤其是中小型企业将投保当作"保险箱"，不再致力于通过提高生产质量盈利，而是将风险转嫁给保险公司。

鉴于我国食品安全责任保险和强制保险的发展现状，在赔偿范围方面应该限定为由食品安全事故造成的相关人身伤害损失和相关特定的财产损失并且结合各个地区的实际情况规定最高赔偿额度。对于食品安全责任强制险来讲，其赔偿应含治疗费、死亡费和致残费。❶

（2）免责条款。之所以制定免责条款，目的主要为预防恶意主体的不道德经营行为，对这个保险险种的经营效率予以有效提升。免责条款属于民事法律行为，投保人虽然造成了损害，但是可以按照合同约定免予赔偿。在规定的设置中，可以包括：由受害人的故意行为引起的损害、投保人在刑事行政方面的罚金和罚款、自然灾害等不可抗力方面等。这样既可以限制保险公司，以防其滥用保险合同中的条款，也保护了保险人，避免道德隐患。

五、小结

舌尖上的安全是我们每一位普通百姓现实生活中必须面对的问题，各种食品安全事故发生后，公众对于食品安全责任都进行了不同程度的思考。食品安全责任由"个体责任"转移给第一方保险或第三方保险，可以更好地保护消费者的合法权益，有效分散行业风险，减轻国家财政负担，达到一个多方共赢的结果，实现社会和谐稳定。目前国家转变了立法态度，认为极有必要在食品安全领域建立健全责任险机制。强制险在中国的食品行业中已经开始试点。想必这一机制在我国未来会有良好的发展契机，借助责任保险在我国的试点经验，结合其他国家和地区的施行经验，我国引入强制责任险到食品安全领域，具有现实意义。

---

❶ 杜波，宋云．论我国食品安全强制责任保险制度的构建［J］．食品安全质量检测学报，2013（1）：302.

第五节　生态环境损害中的赔偿转移

随着社会的发展和生态环境侵权案件的频发，公民对于被侵害的权利的救济、损害赔偿的诉求更为迫切、更为多元。本书以生态环境侵权与一般民事侵权相比的特殊性为基础，分析现实中生态环境侵权损害赔偿的困境。探讨生态环境侵权损害赔偿转移的可行性的理论基础及实践需要。并对未来的损害赔偿的制度构建做出设想。生态环境问题是社会问题的新形态，也是不同利益诉求之间的冲突，所以在认识生态环境侵权，以及在就损害的救济、赔偿上势必会有新的视角和立场。

一、问题提出

党中央国务院正在进行的生态环境损害赔偿制度改革试点方案，以及生态环境责任追究办法等，是事关生态环境治理体系和治理能力现代化的重大改革，对现行法学理论和法律实践将产生重大影响。面对生态环境中"企业污染、受害人遭殃、政府买单"的局面，现有的方法不能解决这一困境，需要生态环境治理能力的改革，那就是生态环境损害赔偿的转移。为什么要进行转移呢？

其一，现有的《侵权责任法》规定的无过错责任原则，就具有生态环境损害赔偿转移的特征。在生态环境损害赔偿中，由过错责任到无过错责任，对于生态环境损害中的受害人是有利的，其实质就是责任转移，即把主要责任转移到侵权责任人身上。《侵权责任法》第65条规定：因污染环境造成的损害，污染者应承担侵权责任。这一规定被解读为在生态环境领域，适用无过错责任。因为该条规定无论有无违反国家相关规定，只要因环境污染造成损害的，污染者都应承担侵权责任。在《环境保护法》中也有所体现，即使污染环境的行为符合国家规定的标准，造成他人的损害，也应当承担赔偿责任。❶ 不以违法性为前提条件，这样有利于对受害的环境给予及时的恢复，也有利于对受害者给予及时的补偿，做到社会整体利益的保护和个人合法权益保护的有机结合。❷ 所以无过错原则的确立，保证受害方得到及时的赔偿，减少受害者的举证责任，使受害者的救济更为充分和有保障。❸

其二，生态环境损害因果关系证明实行举证责任倒置，由污染方承担举证责任。举证责任倒置，其实也是生态环境损害赔偿中的责任转移。在环境的侵权过程中，相对于自然人，污染企业对污染情况有更全面认识和预见。由生态环境加害方承担因果关系证明责任，无疑有利于保护受害者。在生态环境领域，环境侵权认定需要高度的技术性和专业性，往往会出现"一因多果""多因一果"等共同危险状态，因此要求普通受害者去证明环境侵权中因果关系相当困难。如西淀川公害，在责任人和受害者的角力过程中，因果关系的证明困难一直是焦点。在这起公害中，长达20年之久的诉讼，对于受害者来说，可谓是身心的二次伤害。而将环境侵害中的因果关系证明倒置给污染者，不仅有利于案件的及时解决，还有利于案件受害者得到及时补偿。❹

从上述分析来看，我国生态环境损害赔偿其实已经在实施责任转移，加重了污染者的负担，有利于受害者获得补偿或赔偿。但是在很多情况下，企业污染是在合法情况下进行的，无过错责任会加重企业负担，导致企业生产成本上升，也会削弱企业的竞争力。还有污染企业无力承担污染损害赔偿，导致最后由政府埋单。因此，应该建立一种社会化的污染损害赔偿分担机制，不仅要把污染责任转移给污染者，同时也应该把一部分污染费用或赔偿责任转移给社会。

二、生态环境侵权损害赔偿的问题

由于生态环境侵权的复杂性、隐蔽性、周期性等特点，对于生态环境侵权损害赔偿的要求也更高，对于赔偿的诉求也更迫切。然而，在现实中对于

---

❶ 侯佳儒.中国环境侵权责任法基本问题研究[M].北京：北京大学出版社，2014：151.
❷ 贾君望，李媛辉.环境侵权损害赔偿社会化的研究[J].环境保护，2017（8）：73.
❸ 贾君望，李媛辉.环境侵权损害赔偿社会化的研究[J].环境保护，2017（8）：70.
❹ 侯佳儒.中国环境侵权责任法基本问题研究[M].北京：北京大学出版社，2014：113.

环境的损害赔偿诉求仍然存在着阻碍，主要表现在以下几个方面。

(一) 生态环境污染受害者得不到及时赔偿

我国是发展中国家，现阶段也正处于发展的关键时期，所以在这种经济快速发展的时期，对于生态环境的侵害风险是巨大的。

近些年来，恶性的生态环境污染日益加剧，有关生态环境受到损害的事件也不断增加，在这其中 2003 年 12 月 23 日发生的中石油川东北气矿特大井喷事故，共有 233 人死亡，4000 多人受伤，患病数 1.5 万。石化公司双苯厂车间爆炸事故，是中华人民共和国成立以来最大的环境污染事件，对于沿江居民生产生活不仅带来了不可恢复的损害，也带来了严重的环境后果和社会影响。最主要的是当时的受害者到现在有的也没有得到赔偿，环境的损害后果仍然存在，当时污染区的河流饮用水氟中毒事件还在出现。

对于以上的环境污染事件，污染企业和单位都败诉了，成了责任人。虽然法律具有强制力，但是由于污染企业的经济状况得不到改善，无力赔付，所以即使受害者拿到了胜诉判决书，一时也得不到执行。[1]实质上受害者没有得到及时和充分的赔偿。对于受害者来说，相比较传统的侵权，生态环境侵权不仅在身体上还有在精神上的损害。

(二) 污染企业独自承受责任的能力有限

在当下我国经济发展过程中，企业的生产方式比较粗犷，为了实现利益的营收而进行掠夺式的生产，在以往的环境侵害案件中，我们已经发现了这种生产方式给社会带来的风险。在我国大部分企业生产投入多、产出少、生产效率低下的背景下，造成环境污染的企业，也没有经济实力去对受害者给予赔偿，更别说对整体环境的生态恢复。

以财力较为雄厚的企业为例。如 1993 年，美国加州辛克利镇居民诉太平洋电力瓦斯公司（PG&E）的案件，公司向小镇的土地和河流排放含铬污染物，给河流和土壤造成了严重的污染，导致小镇上的居民患癌概率上升，虽然此案件以和解而告终，但是 3.3 亿美元的天价赔偿是美国污染致癌单一赔偿

---

[1] 张丛军. 论环境责任保险制度在我国的建构 [D]. 咸阳：西北农林科技大学，2008：30.

案的最高数额赔偿，此事件也直接导致太平洋瓦斯公司生产停滞，而不得不在加州政府的帮助和监管下，举步维艰的经营，而且直到现如今，企业的生产效率和营业利润都没有恢复到污染发生之前。

在企业不能够充分及时的给予受害者补偿，而政府却不得不为了环境的恢复，企业的正常运营，发挥企业的社会效应而对企业进行救济。所以让企业单独对侵害环境的行为承担责任，在还没有对受害人完全赔付的情况下，就可能出现经营困境。因此，在发生重大的环境侵害案件时，让企业独自承受环境侵害的责任，对于经济效益低下的企业可以说赔付能力有限。

（三）环境损害的责任人很难确定

对于一些累积或者重叠性的污染与破坏行为造成的生态损害，责任人很难确定，从而责任就难以确定。长时间找不到或者不能明确责任人，不仅会使受害者赔偿不能得到及时的解决，也会对社会公共利益造成损害。

最具代表性的也极为深刻的例子就是近年来的雾霾，雾霾是严重的环境污染，在雾霾的环境下，公民的生产生活受到了极大的影响，雾霾中的污染颗粒在人们毫无防范的时候侵入人体呼吸道和肺叶中，从而引起呼吸系统、心血管系统、血液系统、生殖系统等疾病，诸如咽喉炎、肺气肿、哮喘、鼻炎等炎症，长期处于这种环境甚至会诱发肺癌。在雾霾天气中公民身体健康受到侵害是毋庸置疑的，但我们却很难找到具体的责任人。以河北省石家庄市为例，其雾霾的产生从宏观来讲生态系统是一个整体性、开放性、动态性，不仅是本市的企业造成的污染，同时如保定、太原的空气中有害物质也会随着空气流动进入石家庄境内，形成更大范围的污染。除此之外，在石家庄境内，空气污染也是由燃煤、汽车尾气排放等原因造成的。

在责任人模糊不确定的情况下，势必会增加诉讼成本、执行周期。受害人得不到及时赔偿，对于生活拮据的受害者就不能够得到及时有效地进行身体健康检查。没有新的有效的环境侵权损害赔偿机制，对于受害者来说既是无助的，也是不公平的。

三、生态环境侵权损害赔偿转移的理论基础

（一）生态正义理论

传统的民事赔偿的立足点是个人本位主义，形成了以保护受害人利益为中心，以填补受害人损失为主要功能的民事侵权赔偿责任机制。[1] 但是在环境侵权的案件中，受害人的损失并不是唯一甚至不是最主要的损失。其损失既包括个人的损失，也包括整个生态系统的破坏和社会利益的缺失。所以当侵害人不能充分和彻底的对环境侵权做出赔偿时，对受害人和其他社会公民来讲都是不公平的，重大的、持续性长的环境侵权案件对于我们的后代也是不够正义的。

除此之外，虽然环境侵权案件适用无过错责任，但是在没有过错，符合国家强制性规定的行为，造成环境侵权，所有的赔偿由责任主体自己来承担，而这种责任承担可能会致使企业经营困难甚至破产倒闭，这对于无过错的企业是不公平的。最主要的是即使企业自己承担了足以使企业倒闭的责任，受害者也没有得到充分赔偿。所以从生态公平正义的角度，责任企业、受害者以及我们的子孙后代，应该建立环境侵权损害赔偿转移的制度。

（二）损害赔偿社会化理论

一般情况下，损害的发生是由于个人的过错造成的，则由个人承担不利后果。但是，有另一种情况，即有些损害的发生虽然当事人尽了义务后仍然无法避免，那么个人还需要对这种不利后果负责吗？于是就发生了观念转变，即发生了从个人损害向社会损害的转型。社会发展带来的损害应当由社会承担，而不应由受害者个人承担，[2] 即赔偿制度将损害从个人承担逐步发展到由社会承担。环境损害赔偿的社会化是环境责任发展的趋势，社会化赔偿的方式有力保障了环境损害赔偿拓展责任的落实，通过保险、共同基金或者特定制度来分散、转移或者特定化责任人的赔偿责任，使受害者可以得到最大范围的救济。

---

[1] 黄中显.分担与转移——环境侵害救济社会化法律制度研究［M］.北京：法律出版社，2016：54.
[2] 程啸.侵权行为法总论［M］.北京：中国人民大学出版社，2011：96.

在损害赔偿社会化观念中，损害的发生常常并不是某个行为人的过错导致，而是社会发展前进过程中无法拒绝的副产品，受害人是无辜的，甚至加害人在一定程度上也是无辜的。这也是为什么我国环境侵权责任会采用无过错原则缘由。环境侵权的责任形态是自己责任而不是替代责任，损害赔偿社会化理论的运用在本质上是将环境侵权造成的损害当作是社会损害，通过社会化的分担机制来实现对受害者有效、充分、及时的救济。但个人仍是应当对自己的行为向社会承担责任。

（三）环境权理论

美国萨克斯教授提出了环境立法的三项任务，其中第一项就是"承认对于良好环境的公民权利是一项可强制执行的合法权利"❶。随后，在《斯德哥尔摩人类环境宣言》中将环境权表述为："人类有权在一种能够过尊严的和福利的生活环境中，享有自由、平等和充足的生活条件的基本权利，并且负有保证和改善这一代和世世代代的环境的庄严责任。"❷ 当前，许多学者认为："环境权是新型的人权，是一种复合性的权利，这种复合性不仅表现在主体、客体及其内容上，并且还表现在其是公权力与私权利的复合体。环境权就其本质区别于传统的人权，具有个人和集体两个面相，而环境权的类型也就可以划分为个人面向的环境权及集体面向的环境权。"❸

我们在探讨保护生态环境中的受害者权利，那么首先要确定生态环境损害中，被污染者享不享有实体权利，即环境权。环境权理论的确立是公民在环境权益遭受损害以及生态环境遭受破坏后寻求救济的必要前提，同时权利的赋予也是提升公民生态环保意识的有效路径。环境权理论的确立对完善生态损害赔偿制度具有重要的指导意义。

四、生态环境侵权损害赔偿转移的完善

环境法治不健全，很多污染受害者并不能得到有效的救济，不能得到及

---

❶ 蔡守秋. 从环境权到国家环境保护义务和环境公益诉讼[J]. 现代法学，2013（6）：7.
❷ 吕忠梅. 环境法学[M]. 北京：法律出版社，2008：98.
❸ 吕忠梅. 环境法学[M]. 北京：法律出版社，2008：105.

时的赔偿。在加强生态文明建设的背景下，探寻新的损害赔偿机制是对我国进入环境保护现实的回应，同时也是实践环境法治的需求，具有重大的社会意义和政治意义。环境侵权损害赔偿转移制度的构建，需要正确把握环境侵权行为的特点以及环境侵权损害赔偿现实的困境，建立公共治理善治的目标和社会合作的治理模式，既能实现对受害者实质性和充分的救济，又能实现对环境风险的有效规制。

（一）生态环境损害赔偿的责任保险制度

《环境保护法》第 52 条规定：国家鼓励投保环境责任保险。这标志着我国的环境责任保险由政策指引转向法律规范，这为环境责任保险制度的建构提供了直接的法律依据。❶

1. 环境责任保险制度的功能

环境责任保险制度最主要的功能是对受害人进行充分的救济，因为在传统的环境侵害案件中，受害者由于污染者没有财力，实际上无法追究其损害赔偿责任和履行环境净化责任，受害者不能得到充分的赔偿。在建立环境责任保险制度后，在强大的保险财力支持下不仅是受害者能够得到充分、彻底的赔偿，对于环境的侵害也能够进行及时和必要的修复。

除此之外，在企业以有限责任为借口，不能完全承担环境侵害的法律责任，我们也可以通过保险公司的赔付，而得到及时的赔偿。在保险公司参与环境侵权损害赔偿的序列中，提高了传统环境侵害赔偿的运行效率，充分维护了社会的稳定。同时环境保险公司通过环境风险评估、动态监控、中期检查等参与企业的环境预防，从事后补偿到事前的预防的转变，对于潜在的受害者而言是强有力的保障。

同时，保险的实质是对于具有相同风险人的集中，以减少风险对个人的打击。所以环境责任保险也不例外。对于具有环境侵害风险的企业缴纳保险金，从而形成一定的基金，在发生环境侵害的事实时，用这部分基金去赔偿

---

❶ 环境责任保险是以企业发生污染事故对第三者造成的损害依法应承担的赔偿责任为标的的保险。具体来说，排污单位作为投保人，依据保险合同按一定的费率向保险公司预先交纳保险费，就可能发生的环境风险事故在保险公司投保，当发生事故时由保险公司对受害者进行赔付。

受害者受到的损失。可以说环境保险是潜在污染者的集中，当对受害者进行赔付的时候，其实是对潜在污染者风险的一个分担，有利于企业健康发展，也符合"谁污染，谁负责"的环境法原则。

环境责任保险，分散了环境风险，增强了企业承担民事责任的能力，提高了企业的信誉和可持续发展的能力。对受害者而言得到及时的赔付，会使损害及时地得到填补，身心健康得到及时的保护和平复。对于政府而言，增强了环境损害的应对能力和社会治理的经验，使公共权力的合法性得到强化。

2. 环境责任保险的试点

目前，我国生态环境责任保险有政策依据。如在《国务院关于保险业改革发展的若干意见》中，明确提出了发展环境污染责任保险业务。自从有了相关政策规定后，我国已有许多省、自治区、直辖市相继开展了环境污染责任保险试点工作。从各省、自治区、直辖市具体实践来看，当前环境污染责任险是以投保人对第三人造成的污染损害为保险标的，即第三方保险。具体承保范围包括第三人因污染遭受的人身或直接财产损失、合理必要的清理费用和为控制污染物扩散所发生的施救费用。赔偿范围主要包括预防费用、评估与监测费用、主要恢复费用、补偿恢复费用等。由此可见，试点开展的环境污染责任险没有完全涵盖生态损害赔偿责任，实质上属于狭义上的环境责任保险，[1] 即其承保的范围仅限于对环境污染造成的人身与财产损害，而未将生态损害赔偿完全纳入到承保范围中来。

从生态环境责任保险试点来看，在一些重点污染项目上要求构建强制保险制度。但是强制责任保险制度还没有被纳入《环境保护法》中，试点也尚未推广至全国范围内。值得注意的是，目前我国生态环境责任保险还处于试点阶段，尚未建立真正意义上环境责任保险制度。生态环境损害赔偿实施责任保险制度，只有这样才可以最大限度避免矫枉过正，不会过分加大污染者

---

[1] 环境责任险有广义与狭义之分，狭义的环境责任险仅指环境侵权责任险，广义的环境责任险包括环境侵权责任险与生态损害责任险两种。两者的区别在于承保对象的不同，前者承保的是环境污染与破坏行为对第三人的人身与财产权益造成的损害，后者承保的是环境污染与破坏行为对纯生态环境所造成的损害。

负担,不会因此造成另一种形式的"不正义"。❶

(二)生态环境损害的行政补偿制度

环境责任保险制度对于传统的环境侵权损害赔偿制度是一个重要的补充,但是环境责任保险发挥作用的前提是责任人明确,并已经参加了环境责任保险。在私法救济不能有效的时候,政府的干预就很有必要了。

环境侵权行政补偿制度,是以公共权力介入为前提的,按照法律规定的情形、程序由政府征收环境税费作为主要筹资方式设立环境侵权基金,当发生环境侵权案件,在其他救济方式失灵的情况下,以保证环境侵权案件中的受害者能获得便捷、及时和充分的救济的一种救济制度。在这种制度下,将传统的以企业或个人负责到底的环境侵权赔偿部分转移给公共基金或者说被政府适当分担,无论对于社会的经济发展还是对受害人的关怀来讲都是必要的、意义重大的。

1. 环境侵害行政补偿制度功能

环境侵权行政补偿的救济功能首要表现在其周延了其他救济路径不能解决的损害救济。当责任主体缺失的情况下,会导致判决不能情况的出现。而由于种种原因,环境侵权案件总存在着主体缺失的情况,由于环境侵害的群体性,即使责任人可以明确确定,但环境侵害多为巨大的损害,环境侵害责任主体往往赔付能力不足或者根本没有赔付能力,无法给受害人充分的救济。除此之外,由于环境侵权的复杂性,即使通过因果关系推定,举证责任倒置等有利于受害人的司法规则,在很多情况下也难以确定责任主体。在受害人急需救济的情况下,环境侵害行政补偿制度往往能发挥重要的作用。

2. 环境侵害行政补偿制度建构

从国外的立法和实践的状况可知,对于公共性补偿的路径和方式虽然各有不同,但都是采取了独立、专门的环境侵害救济补偿模式——损害补偿基金。明确资金来源和救济条件、程序。不同的是,美国和法国对专门的补偿资金采用信托资金管理模式,日本则是对补偿资金进行了严格的分层管理。

---

❶ 侯佳儒. 生态环境损害的赔偿、移转与预防:从私法到公法[J]. 法学论坛, 2017(3): 26.

功能上日本和法国比较相似，主要是用于受害人的损害救济，而美国则是对受害人和环境风险进行双重救济。

在我国的环境侵害赔偿制度上，也是以专项的财产为作为基础。只是相对于美国等发达国家的环境法律制度来讲，我们国家不适合将由专项资金建立起来的财团法人定义为私法上的财团法人。本书认为结合我国的基本国情和行政的高效、主动等特点，将其定义为公法上的财团法人更为妥当，通过明确其名称、章程、内部职能机关、独立的财产管理等事项，即设立专门的政府救济基金来实现救济的专门化。

五、小结

我国生态环境损害赔偿制度有三个核心问题：赔偿责任机制、赔偿纠纷处理机制和资金筹措机制。生态环境损害赔偿转移主要涉及责任机制和资金机制，即责任转移问题和赔偿主体转移问题。其一，生态环境损害赔偿责任转移问题。有人主张过错责任，有人主张过错责任与严格责任结合。但无论是过错责任还是严格责任，都是以侵权人角度看问题，没有从社会连带责任看问题，忽视了损害赔偿的转移。其二，生态环境损害赔偿资金机制问题。目前相关规定是污染者承担原则，其问题：一是严格责任导致责任人承担较大的经济压力；二是责任人无力负担或逃避责任，最后变成政府"买单"；三是生态环境损害赔偿制度缺乏生态环境保险和公共赔偿基金等社会化分担机制；四是现行规范性文件忽视社会连带责任，生态环境损害赔偿改革方案和地方试点，均强调了生态环境责任者义务，忽视了生态环境的社会连带责任。

因此，建议生态环境损害赔偿转移采用三个措施：其一，采取私法赔偿导向公法赔偿模式。其二，采取自我负责和社会连带相结合责任机制。从责任转移来看，生态环境损害赔偿应采用从过错责任到严格责任再到社会连带责任模式。其三，建立社会化的分担机制。从赔偿主体转移来看，需要把生态环境损害赔偿由污染者承担转移给社会化的多元主体承担。为此，我国应该建立生态环境责任商业保险、生态环境侵权行政补偿、生态环境补偿基金、公共社会保险等社会化机制来分担生态环境损害赔偿。

第四章 我国法律体系下赔偿转移的规范分析

本章主要分析我国法律体系下，公法与私法之间的关系以及发展趋势，并探讨公法体系与私法体系之间转移问题，以及转移对赔偿的影响。同时，还需探讨公法与私法中的赔偿其中什么类型的赔偿转移是合适的。一个是内在的标准，一个是外在的标准。内在的标准主要考察特定赔偿转移是否符合正式政策目标，即决策者的既定目标。即使内在的标准目标实现，也不能证明该赔偿转移是"好的"或"公正的"，还需要对赔偿转移作规范性评价，即外在标准的评价。不同国家对赔偿体系的规范性看法各异，必定会影响人们看待特定赔偿转移的方式。本部分就是基于我国法律体系从规范分析视角评估公法与私法之间赔偿转移正当性。

第一节 我国公法与私法的互动及其对赔偿范式的影响

一、我国公法与私法的现状

公法与私法理论互动历史演进，从古罗马时期产生，即由乌尔比安最早提出公法与私法划分。该理论到了中世纪衰落，其原因在于中世纪时期教会势力占了统治优势,教会不愿意像罗马人那样再去强调私法,在法律的实践中,对公法与私法分类不感兴趣,值得庆幸是,虽然在当时社会实践中不重视公私法的划分,但在理论上仍然受到当时法学界的重视,并得以延续。到了近代,公法与私法出现了分野。随着资本主义的发展,资产阶级提倡经济自由主义,反对封建割据和闭关自守,主张国家不干预经济生活,为了限制国家权力对经济干预,出现了现代意义上的公法。到了现代,公法与私法的划分得到了强化,并且日益清晰化和体系化。同时,公法与私法还出现了交融局面。回到我国,我国的公法与私法关系论的沿革,[1]则经历了私法发展到公法与私法区分的演变过程。

(一)私法发展论

20世纪90年代,我国关于公法私法关系的讨论开始活跃起来,不再采取否定、回避的态度。这主要原因是我国正式确立了社会主义市场经济体制,公法私法关系受到广泛的讨论。随着我国社会主义市场经济发展和私法研究深入,出现了一种观点私法优位论。其主要理由是:其一,恩格斯在对法律产生论述中,曾指出:"历史的逻辑统一的论述,不仅说明了在法律发展过程中私法先于公法,也包含着公法、公共权力是为私法而设立的思想。"即在恩格斯的认识中,从社会生产关系和生产力的角度而言,私法优于公法产生,同时,私法还包含了对公共权力的限制。其二,与人民生活关切联系最紧密的法律,是私法。从西方法律发展过程来看,其认为在宪法产生之前,私法就是宪法,在宪法产生之后,私法是宪法的基础和原型。私法领域是整个社会的基础,私法是整个市场法律体系乃至整个法治社会的重心。其三,在我国市场经济条件下,也面临处理权力和权利的关系。要发展社会主义市场经济,必须充分保障权利,给予市场主体更多的自由,进而发展和繁荣经济。强调私法优位,就是要求改变我国过去那种重权力,轻权利的思想。要求树立权力受制于权利、服务于权利的观念。法律必须对权力的运行范围和运行程序加以严格控制,以制止权力滥用而侵犯主体的正当权利。其四,私法最

---

[1] 但见亮.中国公法与私法关系[J].交大法学,2013(1):134.

能体现代法治的价值。在西方，私法是公法以及法治的法律基础，公法对私法领域的干预只是辅助的、次要的，并不能改变私法对市场经济进行规范时的主要地位。法治的精神是在民法原则的基础上形成的。因此，私法优位论者断言，确立私法优位，才能实现我国法制现代化。❶

（二）公私法区分论

梁慧星教授1992年在《法学研究》上发表文章，提出应该在我国严格区分公法与私法的主张，这可以说是我国比较早的谈及公法与私法区分论。随后，我国宪法为了适应社会主义市场经济，进行了数次修改，强调重视私营经济，并且私营经济的地位在宪法的历次修改中，逐步得到提高。可以说，宪法的修改，为我国私法发展提供了宪法基础。

公法与私法的划分起源于罗马法时期，也是西方法学对于传统法律的分类之一。特别是大陆法系关于国家基本法律制度基本的、首要的分类。我国虽然不是大陆法系，但在民法制定过程中，吸收和借鉴了大陆法系的一些做法。在目前的教科书中，关于我国法律划分时，也提到我国法律划分为公法与私法，并且还探讨我国公法与私法各自包含的范围。如在我国影响比较大、范围较广的法理学教材，在关于法的一般分类，这样界定的，通常可以从以下六个角度划分：国内法和国际法、成文法和不成文法、根本法和普通法、一般法和特别法、实体法和程序法、公法和私法。就公法和私法划分而言，公法一般包宪法、行政法、刑法和程序法、私法在大陆法系国家一般划分为民法和商法两大部门。该教材进一步指出，目前我国法学界主张公法和私法的划分者比过去为多，一方面是因为中国和大陆法系的传统有相通之处，另一方面也是近年我国经济发展以及与之伴随的整个社会发展需求所致。❷

二、我国公法与私法的交错

现在在经典的教材书中，我们看到有关我国法的分类，其中就包括公法

---

❶ 顾爱平.论公法与私法的划分及其在我国法治建设中的定位[J].江苏社会科学，2005，(4)：164.

❷ 张文显.法理学[M].北京：高等教育出版社，2013：104.

和私法的划分。在具有国家官方性质的国家统一法律职业资格考试中，也出现了有关公法和私法的划分。在日常的法律学习过程中，一般形成了把我国宪法、经济法、行政法、刑法和诉讼法划归公法范畴，把民商法划归为私法范畴。目前，公法和私法划分在我国基本确立起来。

（一）我国公法与私法的交叉

在传统法律体系下，公法与私法有着各自的适用范畴，并且有其各自功能。公私法的区分主要体现了近现代国家市民社会与政治国家这种二元分立格局。正如乌尔比安提出他的划分目的一样，公法的目的在于保护国家公益，私法在于保护私人利益。后来，在乌尔比安理论基础上不断演化，认为公法主要在于规范国家之间、国家机关之间或国家机关和私人之间的关系，私法在于规定私人之间关系。在大陆法系国家，公私法作为法律的一个基本分类，有利于从总体上把握各部门法的特征；可以纠正公权的过度使用，保证其在设置的目的范围内运转；可以培育私权意识、促进私法的发展。

我们看到我国已经从理论上确立了公私法划分，并且运用其划分构建我国的法律体系。但是西方公私法发展到现在出现了新变化或者说公私法的危机。即公私法划分不再绝对僵化，之间出了交错，公法中出现了私法特征，私法中出现了公法特征。甚至某些情况下，究竟是属于公法范畴还是私法范畴，一时难以分辨，二者之间的界限越来越模糊。我国虽然公私法研究起步较晚，但也出现了西方目前出现的公私法交叉和混同的趋势。

（二）我国公法与私法的融合

梅里曼教授认为，当代大陆法系传统的公法与私法分类出现了危机，其中一个重要的问题，即公法与私法的相互渗透导致了私法的社会化、公法化以及公法的私法化。换言之，公私法出现了融合趋势。

就我国而言，公私法融合的因素有以下几个方面：其一，经济因素。在我国社会主义早期，实行高度集中的机会经济体制，国家否定私法存在；随后实行市场经济，国家开始重视私法，并且通过宪法修正案的方式，确立了市场经济主体地位，进而确立私法在我国的地位。也就是说，伴随着我国经济由高度集中的计划经济——从计划经济向市场经济转变——市场经济主导地位，这样一个经济发展过程。由于经济因素，导致我国私法从否定——认可——公私融合，发展过程。其二，政治因素。在改革开放以前，我国受苏联影响，认为政府的作用是全方位的、无限的。这与西方传统的有限政府理念相反。随着改革开放的展开和深入，我国也在转变政府职能，由全能政府向有限政府转变。有限政府强调了政府要为市场竞争创造公平环境，并提供良好的服务。其三，现实因素。随着我国经济发展，我国也出现了多元利益格局，由以前二元利益——国家利益和个人利益，分化出社会利益，即利益格局变成了多元利益。多元利益格局仅仅用公法或私法调整，均不能有效，需要融合二者特点。❶

三、我国公法与私法的互动对赔偿范式的影响

（一）公法私法化对赔偿范式的影响

公法私法化在于把公法的调整对象与私法手段相结合。公法有两个目的：一是保护公共利益。乌尔比安在划分公法与私法之时，就强调了公法的公共利益之目的。二是控制权力。在自由资本主义时期，资产阶级提倡经济自由主义，主张国家不干预经济生活，作为限制国家权力的现代意义的公法应运而生。

在现代社会，已经不同于乌尔比安和自由资本主义时期，讨论公法与私法之分，是在民主与公民权理论的语境之下。公法与私法共同之处在于控制权力，以保护公共利益和个人利益。当下，权力行使要考虑公共利益，以及个人利益保护问题；在公民权理论中，公法与私法共同保护的五种价值：个人尊严、自治、尊重、身份和安全。这些共同价值重要之处在于，当有权者打算以损害他人利益或公共利益方式行事时，应该考虑个人因素。❷

也就是说，公法在实现公共利益时，如果打算以损害个人利益行事时，那么就应该考虑到个人尊严、身份和安全，政府应该给予个人充足的补偿或赔偿。但是，政府财政支出一般是纳税人缴纳的税金，受到严格的控制，导

---

❶ 何勤华.公法与私法的互动［M］.北京：法律出版社，2012：160.
❷ 道恩·奥利弗.共同价值与公私划分［M］.时磊，译.北京：中国人民大学出版社，2017：31.

致我国实现公共利益时，在对待个人利益时，有可能损害当事人的尊严、身份和安全。如果政府尽全力给予当事人补偿或赔偿，由于政府财政也是有限的，那么就需要实现损害赔偿的转移。比如由政府赔偿或国家赔偿转移给第一方保险、第三方保险、公共基金。实践证明，私人性质的第三方补偿或赔偿有时比政府更有效，更能实现个人尊严和安全。

（二）私法公法化对赔偿范式的影响

私法公法化在于把私法的调整对象与公法手段相结合。私法很好地实现个人利益，并使得个人充分获得自治、尊严和尊重。然而，在私法自治下，也会出现一些问题。私法公法化在一定意义上就是公法对私人权利限制的增强，如为了公共利益而对个人财产权的限制、对契约自由的限制等。

私法中经常出现一种权利滥用，进而损害公共利益，这时需要用公法手段加以规制。比如医疗事故中的损害问题，医院与当事人之间订立就医合同，是意思自治表现，也充分尊重了当事人意见，但是在发生事故时，由于医院与患者之间信息不对称，以及二者之间地位或实力之间的差距，导致大部分患者处于不利地位。在这种情况下，就需要用公法手段进行规制。要求医院或医生强制投保第一保险、建立公共基金等方式解决医疗损害中的赔偿问题。

私法中还有一种现象也值得注意，那就私权力的滥用。我们一般认为仅仅公权力会滥用，因此要控制公权力。事实上，应该对私权力也应该加以规制。比如环境损害中的赔偿问题，企业在生产过程中，违法排放导致周围环境破坏，进而给周围民众造成损害。有的企业虽然按照法律要求排放，但仍然会出现污染问题，给民众造成损失。环境污染企业一是利用自身优势地位，二是利用合法形式为借口，不赔偿或少赔偿民众，由于涉及人数众多，造成一个社会问题，最后，由政府出来"买单"。

所以，应该实行损害赔偿的转移，由私人个体赔偿，转移到第一保险、公共基金或政府补偿。

第二节　我国法律体系下赔偿转移的内在标准

从经济学角度而言，规范分析以一定的价值判断为基础，提出某些分析处理经济问题的标准，树立经济理论的前提，作为制定经济政策的依据，并研究如何才能符合这些标准。规范分析是对经济行为或政策手段的后果加以优劣好坏评判的研究方法。从法学角度而言，规范分析法是以规范法学为基础的，规范分析以一定价值判断为基础对"规范"进行完善、解释。

关于赔偿体系的转移的内在标准，有不同的观点。其中一种认为是人民考察决策者制定的目标是否通过特定的转移真正实现了。有人批评这种标准只是一种有效性测试，而不是一种规范性测试。本书将从法学角度分析赔偿转移的内在标准。

一、过错责任缩小和无过错责任扩张

在我国公法与私法体系之间的赔偿转移，与我国责任改变也有很大的关联性。我国责任原则的演变，为我国赔偿转移提供了基础。过错责任虽然仍是我国合同法和侵权责任法的基本归责原则，但是无过错责任原则在我国也有着比较突出的表现和地位，即在我国无过错责任原则相比其他国家而言，更加突出。这就为我国私法赔偿向公法赔偿转移提供了基础。

（一）过错责任缩小

一般认为，大陆法系等国法律均以过错责任为其归责原则，但其在坚持过错责任原则同时，也发生了一些变化。即近年来出现了严格责任，打破了过错责任的垄断地位。比如在大陆法系的德国，法院在审理合同纠纷案件的过程中，对有些案件法官已不再要求受害方必须举证证明致害方有过错，只要能够证明致害方有违法行为和损害后果，如果致害方不能证明自己并无过

错，便应承担赔偿责任。❶在英美法系国家，一般也采用过错责任为归责原则，而且在美国，如果在民事违约或侵权过程中有故意行为，还可能招致惩罚性赔偿。

回到我国，我国在《合同法》和《侵权责任法》中一般也采用过错责任归责原则。如我国《民法通则》第106条第2款规定："公民、法人由于过错侵害国家的、集体的，侵犯他人财产、人身的，应当承担民事责任。可见，在法律没有特别规定的情况下，都适用过错责任原则。"❷无过错责任是例外。2017年通过的《民法总则》第176条规定，民事主体依照法律规定和当事人约定，履行民事义务，承担民事责任。则删除了以前《民法通则》第106条第2款的内容。同时增加了连带责任和公平责任的相关规定。

（二）无过错责任扩张

布莱克的赔偿理论认为在群体中的赔偿比个人之间的赔偿更可能出现，针对群体的案件比针对个人的案件更具有赔偿性。如果把这个理论用来解释我国古代存在的较多的赔偿现象，也是可行的。在我国传统社会，家庭成为社会的核心，个体性地位缺乏，因此，个体的侵害行为，一般而言会由家族承担责任。家族中个体的侵害行为可能会成为两个家族之间的纠纷。如费孝通先生所言，我国是一个熟人社会。在熟人社会发生的纠纷，如果是家族内部发生的损害，这种损害赔偿就不容易发生，因为可能获得宽容；如果是发生在两个家族之间因侵害造成的损害，这时就容易发生赔偿。一方面是侵害方的家族尽力想通过赔偿方式修复造成的损害，达成双方的和解，缓解因侵害发生的紧张关系。另一方面如果因侵害被送交官府，由于我国古代法律极为严酷，有些执行方式是肉刑或死刑，因此家庭和社群会尝试在内部来处理那些桀骜不驯的人，尽量在内部处理纠纷，那么赔偿就是化解矛盾的方式。这就是我国古代社会一直存在用赔偿来解决纠纷或作为一种社会控制方式的原因。❸

---

❶ 喻志耀.过错责任：民法的基本归责原则［J］.华东政法学院学报，2001（6）：51.
❷ 虽然新的《民法总则》中删除了这一条，但在《合同法》和《侵权责任法》中仍然有这方面的规定。
❸ 向朝霞.法律制裁中的赔偿理论研究［M］.北京：知识产权出版社，2016：162.

在家庭和集体占主导地位的社会，按照布莱克的赔偿理论，责任随组织性而变化，而严格责任和无过错责任标准更经常适用于集体而非个人。正是因为在我国古代社会家庭占据主导地位，所以对赔偿的责任基础一般是以严格责任为基础，这也是为什么我国古代法中损害赔偿奉行的是结果责任原则，而不是过错责任原则的原因。

因此，基于组织性，主要是家庭或集体影响，导致了在我国传统社会偏重于用赔偿范式解决纠纷，而且适用无过错责任原则。现在，我国出现了集体性和个体性并列的情形，个体性获得一定的独立地位，因而在法律中以过错责任原则为主导，以严格责任和无错责任原则为例外。但正是因为我国仍然存在着集体和家庭这样的组织，并在社会中起着重要作用，因此，严格责任和无错责任在适用的过程中相比其他国家要多得多。

二、社会连带责任和自我责任相结合

（一）社会连带责任

1. 社会连带责任的理论基础

法国法学家狄骥全部学说的核心就是社会连带关系。在他看来，社会连带关系仅仅表明一个事实："人们相互有连带关系，即他们有共同需要，只能共同地加以满足；他们有不同的才能和需要，只有通过相互服务才能使自己得到满足。因而，人们如果想要生存，就必须遵循连带关系的社会法则。连带关系并不是行为规则，它是一个事实，一切人类社会的基本事实。"❶

从狄骥的论述中，我们看到他将这种社会连带关系划分为两种。第一种是同求的连带关系，即人们都具有求生和减轻痛苦的本性，且有相同的需要和愿望，只有共同生活、相互帮助才能实现。第二种是分工的社会连带关系。人民虽然有相同的思想、愿望和需要，但同时又有完全不同的思想、愿望和需要。随着文明的进展，人与人之间的差异也越来越大。狄骥还认为："人们间的差异性和不同文明的发展成正比例。"所以人类越发展差异性就越大，就

---

❶ 沈宗灵. 现代西方法理学［M］. 北京：北京大学出版社，2000：252.

越需要分工。因而，不同才能和需要，就必须相互服务，形成社会连带。狄骥强调，分工的连带关系比同求的连带关系更有力量。

回到今天，我国已经形成高度社会分工，不同人的需求大部分需要依靠他人才能得到满足。一方面社会连带关系已经间接成为我们的行为规则，并支配着我们的精神。社会连带关系不仅解决人们共同的需要，还要因分工而要相互援助。另一方面我们也应该看到，我们对他人的影响，及他人可能对我们的影响，在社会连带关系中，正如狄骥所言，"一个人的不幸影响所有的人，一个人的幸福使所有的人受惠"。❶

2. 我国连带责任的立法规定

由于我国古代有重刑轻民思想，导致我国民法不发达，没有形成完整的债权法体系。虽然我国债权不发达，但是古代契约仍然是存在的，并且我国古代在债权中出现了连带责任的习惯法，如影响深远的"父债子还"就体现了连带责任。

如果契约一方的直系亲属（如儿子）并不是契约的一方当事人，但对于其父契约的履行也需要承担责任。这种规定对于债权人来说，如果其债权得不到实现，那么债权人可以要求债务人的直系亲属承担代偿责任。这说明我国古代法律中规定了连带责任。在古代的刑事和行政案件中，也存在着连带责任，比如连坐制度，即家族中的一人犯错，族内其他成员也会受到惩罚；再如保甲制度，即某一地域范围内某人犯错，其他人也需要承担责任。

现在我国相关法律也对连带责任有规定。如《民法总则》第178条规定："二人以上依法承担连带责任的，权利人有权请求部分或者全部连带责任人承担责任。"《合伙企业法》第57条的规定："一个合伙人或者数个合伙人在执业活动中因故意或者重大过失造成合伙企业债务的，应当承担无限责任或者无限连带责任，其他合伙人以其在合伙企业财产中的财产份额为限承担责任。"还有《侵权责任法》以及《担保法》中均有规定。

回到具有事件中，连带责任为我国赔偿转移提供了基础条件。在医疗责

---

❶ 沈宗灵. 现代西方法理学[M]. 北京：北京大学出版社，2000：252.

任事故中，基于社会连带关系，由于医院的公立性，医疗责任事故受害者的救济性，给予把赔偿责任转移给社会承担，有着理论和立法上的依据。再如突发事件中的政府先行赔偿，舆论和民众对突发事件中的先行赔偿最后变成一个买单者，感到不满。其实，从连带责任来看，这种政府的先行垫资行为，有其合理性，虽然在大多数情况下，变成政府买单，从实质上讲，是一种私法赔偿转向公法赔偿。还有环境损害赔偿转移等均有连带责任的支持。

（二）自我责任

我国现阶段，一般认为责任自负是责任归结的基本原则，其体现在我国实体法和程序法中。在实体法中一般表现为个体要为自己的违法或违约承担责任，在程序法中一般表现为个体要负责证据收集和提供等。责任自负原则在我国经历一个发展完善的过程。

在我国以家庭或集体为背景的情况下，缺乏承担责任的个人主体。因为在以家庭为规训对象的情况下，对受害人的赔偿主要是由家庭（或家族）来承担的。在集体主义下，个人责任往往被忽视，责任主要由集体承担。因为在集体责任下，个人责任边界是模糊不清的，追究个人责任非常困难。名义上的集体负责，如果没有详细分派集体中每个人的责任，就必然会诱发个人不负责任的行为倾向，甚至于彻底湮没个人的责任感。[1]如在我国存在的"集体决定""组织决定""审判委员会决定"等，这些决定如果造成了对他人的侵害，一般是由组织赔偿，这就忽视了承担责任的个体，没有承担责任的个体，其后果必然是听任错误或失误蔓延。正如哈耶克指出："如果让人们共同承担责任，而不在同时规定一个共同的义务和协调的行动，结果便经常是无人真正负责。每个人都有的财产实际上是无主财产，那么每人都承担的责任就是无人负责。"[2]

如今，家庭和集体在我国法治现代化过程中逐渐地被消解，我国已经建立现代法治的个人责任制度，个人从家庭和集体中独立出来，成为一个被规训的个体，也是一个负责的个体。责任自负是我国法律责任归结原则之一。

---

[1] 韩志明.论制度惩罚与责任个人化原则［J］.四川行政学院学报，2007（3）：37.
[2] 哈耶克.自由宪章［M］.杨玉生，等译.北京：中国社会科学出版社，1999.

现代社会中我们每一个人都是一个独立的主体，具有法律上的独立地位，因此，在法律归结上就要求遵循责任自负原则。如果一个人实施了违法行为或违约行为，那么应当对自己的行为负责，并独立承担法律责任。

（三）连带责任与自我责任的结合

我国大量实践表明，自我责任是一个基本原则，连带责任是一个重要补充责任。二者的有机结合，才能起到惩罚、预防和补偿的社会效果。

在我国诸多领域，我们看到了连带责任出现，无论是公共的或私人的社会连带，总是存在于事件发生之后。比如医疗责任事故，患者家属大闹医院，影响医院的正常秩序，有时将某个事件升级到一个社会维稳问题，政府基于危机管理会做出先行赔付患者的行为。再如大规模侵权事件中，本应由个人或企业自己承担责任，由于事件影响超越个人或企业能够赔付限度。如果不及时赔偿受害者，那么会导致群体性事件影响社会稳定。这时政府就先行赔付给受害者。我们看到这些事件花费大量的公共资金，在当时没有人会质疑市场规则的转变，情势中的情感战胜了理智。然而事后，我们恢复理智，又突发疑惑，为什么要政府埋单。

其实消除上述疑问，就需要事前制度和法律的安排，不必总等到事后在进行操作。社会连带可以事前组织、并结合自我负责，诉诸市场力量和国家介入。这种混合方式在西方发达国家比较常见。比如我国可以在事前要求个人或企业投第一方保险，国家方面可以建立公共基金。这样以后发生突发事件等，就可以自我负责一部分，在结合保险和公共基金。

我们在强调连带责任和自我负责，就是要求预防和社会连带责任必须将个人和集体的行为结合起来。如在发生大规模侵权事件中，仅仅靠自我负责或者仅仅考市场力量都根本无法解决问题，那么个人、市场和国家三者结合，即社会连带和自我负责结合才是能够被社会接受的社会价值，也可以矫正竞争法则的扭曲。

第三节　我国法律体系下赔偿转移的外在标准

关于法与道德的关系，富勒在《法律的道德性》一书中指出有法律的内在道德与法律的外在道德之分。法律的外在道德主要指法律的实体目标，也就是从法律的外部来看待法律。在法理学中，我们一般把正义、公平等视为法律外在的标准。关于我国法律体系下的赔偿转移的外在标准，我们主要从平等理论、分配正义、社会救助理论，以及公民权理论等外在内容来论证我国赔偿转移的正当性和客观性。

一、我国法律体系下赔偿转移的正当性

（一）公共负担平等理论

"公共负担平等理论"认为："政府所有活动均是为了公共利益而实施，故应当由全体社会成员共同分担其产生的费用；国家与公民之间的命令——服从关系使得国家活动必然给公民造成损害，而这种损害是受害人在缴纳赋税以外额外承受的负担；为了恢复公众与特定受害人之间在公共负担方面的平衡，国家应当用公共财政弥补因公共活动而遭受严重损失的特别受害人。"[1] 回到在医疗责任、食品安全、环境保护、自然灾害事件等中私法赔偿转移到公法赔偿，我们发现其中一般涉及公共利益。国家均是以公共利益而为之的行为，必定会给一些人利益造成损害，在这种情况下，给予受损者一定国家经济赔偿，是一种公共负担平衡。

狄骥在《公法的变迁》一书中提出公共服务的概念，认为公共服务的概念是现代国家的基础。没有什么概念比这一概念更加深入地根植于社会生活的事实。[2] "在公共服务依照法令的规定发挥作用的情况下，那些因为它的运营而遭受损害的公民个人也自然享有求偿权，这是因为无论国家的行为是合

---

[1] 王名扬.法国行政法[M].北京：中国政法大学出版社，1989：711.
[2] 狄骥.公法的变迁[M].郑戈，译.北京：中国法制出版社，2010：7.

法的还是错误的，只要它给某位公民个人或一群体所造成的负担超过了整个社会的平均负担，它就必须承担责任。"❶狄骥的公共服务理论其实也揭示出了公共负担平等理论。

由公共服务理论，还引申出公共分担平等理论。在现代社会，虽然属于个人行为，并有个人承担过错责任，但是个人与集体有时又融入一体，从而使得个人行为或目的带有公共利益的性质。比如医疗事故，医院和医生的从医行为，在法律上说是个人行为，属于私法体系范畴，但医院和医生的从医行为，又带有公益属性。在医疗风险高发时代，如果严格按照现代侵权责任法进行私法赔偿，会导致医生流失或转行，事实上，美国就曾经出现过因医疗事故赔偿高，导致医生大量流失的情形，在美国医生的游说下，美国出台了法案，把一部分医疗事故赔偿责任转移给保险公司。因此，针对具有公益性的个人行为，对其产生的风险损失应该由社会公共平等分担，而不应该由个人独自承担。

（二）赔偿转移中的分配正义

卡罗尔·哈洛在其《国家责任：以侵权法为中心展开》一书中，揭示出了国家责任由矫正正义向分配正义的转变。他指出："在我们所生活的这个时代，人们对于国家的态度正在发生剧烈变化。在这个福利国家，分配正义，在更为公平和资源分配更为平等这层广泛意义上讲，它已经成为一种为大家所接受的集体目标。"❷

分配正义所主要关注的是在社会成员或群体成员之间进行权利、权力、义务和责任配置的问题。❸伊斯塔克·昂格拉尔认为，分配正义旨在根据一定的价值标准在不同的人之间分配既定的对象。❹罗伯特·卡恩沃斯认为，分配

---

❶ 孙光焰.经济立法中的国家赔偿——以狄骥的公共服务理论为基础[J].岳麓法学评论，2002（3）：183.

❷ 卡罗尔·哈洛.国家责任：以侵权法为中心展开[M].涂永前，马佳昌，译.北京：北京大学出版社，2009：12.

❸ E·博登海默.法理学：法律哲学与法律方法[M].邓正来，译.北京：中国政法大学出版社，2001：265.

❹ 卡罗尔·哈洛.国家责任：以侵权法为中心展开[M].涂永前，马佳昌，译.北京：北京大学出版社，2009：13.

正义意味着"分享一个蛋糕"。卡罗尔·哈洛认为，他们都关注的是蛋糕以及吃蛋糕者，而切蛋糕者的行为就显得不那么重要了。❶也就是说，分配正义中我们忽视了国家这个切蛋糕者的行为，如果给予在医疗事故、环境损害、食品安全等事件中的受害者救济或补偿，其实就是重新分配利益，这种分配利益行为不是基于国家的过失或者国家的法定责任，而是属于分配正义的范畴之内。

比如大规模侵权中损害赔偿转移，因为发生了大规模侵权事件，对受害方造成了损害，而基于一定的原因，应该赔偿的一方不能立即或者一段时间内履行赔偿义务，这时正义的平衡就被破坏了，所以需要政府的行为来重新分配正义，使正义重新达到一个平衡。而在大规模侵权事件中，政府对受到损害的人们做出先行赔付的行为，就是一种救济的行为，目的就是为了分配正义，维护受到损害的弱势群体的利益，维护社会的公平。

正如罗尔斯强调人们的先天性差别，国家需要一定的政策干预，通过补偿社会弱者来体现社会正义，要求政府在一定程度上的扩张并超越政府"守夜人"的职能，所以在大规模侵权事件后，政府首先要伸出援手，保护公民的生命健康权，保证公民的基本生活条件。当前我国正在大力构建和谐社会，而和谐社会的核心问题就正是前面所说的分配正义，只有在利益分配、权利安排以及制度保障方面实现比较充分的公平正义社会才能较好地过渡到和谐社会。

二、我国法律体系下赔偿转移的合理性

"社会救助制度是社会成员在陷入生存危机或无法维持最低限度的生活状况时，由国家和社会按照法定的程序和标准向其提供满足最低生活需求的物质和服务援助的社会保障制度。"❷从这一定义来看，社会救助两个基本条件，一是生存出现危机。在自然灾害事件中一般会导致受害者生存出现危机。如汶川地震，这次强烈地震，给众多家庭和个人带来了损害，农村村民面临衣、

---

❶ 卡罗尔·哈洛.国家责任：以侵权法为中心展开[M].涂永前，马佳昌，译.北京：北京大学出版社，2009：13.

❷ 蔡士良.对刑法中公共安全含义的探讨[J].湖北公安高等专科学校学报，2000（5）：24.

食、住、医等临时困难，许多家庭和个人出现生存危机，需要政府和社会紧急转移安置。汶川地震如果不是国家和社会及时给予救助，个人和家庭是无力抵抗的。二是最低限度的生活状况无法维持。社会救助是帮扶救济出现生存危机，同时最低生活也不能维持的人，不是用社会有限的资金去救助能够生存和最低生活能够得到保障的人。社会救助体现了对弱势群体的人文关怀。

社会救助不同于社会保障，也不同于社会福利。一般而言，社会救助是我国社会保障体系的一部分，但国家基本社会医疗保险、养老保险等与社会救助不一样。在食品安全事件中，由于此导致的损害，不仅仅需要医疗费用，还使今后生存出现了暂时性的困境，自身无力解决，养老保险暂时也派不上用场，这就需要获得社会救助。社会福利一是具有普遍性，即国家对公民普遍提供的，而社会救助则是对生存出现危机的人的救济；二是社会福利是尽可能提高生活质量，而社会救助则是维持最低生活标准。也就是说，自然灾害或食品安全事件发生后，社会保障和社会福利解决不了受害者的基本生存需要，必须依靠社会救助。

社会救助思想来自于英国的《伊丽莎白济贫法》[1]，该法是一部济贫的法，与社会救助思想相近，其实社会救助核心就是救济贫困。随着社会发展，演化成了社会救助，但社会救助不是对所有的贫困都给予救助；对于贫困人口，有些贫困不能依靠社会救助来保障其生存权和维系其基本生活，而应依靠社会基本保障法，在我国通常叫"五险一金"。就我国而言，其实早就有类似社会救助的体系，由于我国古代是一个传统农业社会，救助体系是以亲属关系的家庭内部成员的自救为基础，并延伸之邻居、乡亲的民间互助为辅的社会救助体系。但是到了现代社会，工业化的社会，依靠家庭内部成员自救、依靠邻居和乡亲互助，已经不能适应了。随着工业化和城镇化，社会已经不是费孝通先生描述的"熟人社会"，而是已经进入"陌生人社会"，邻居和乡亲互助在现代社会在逐渐解体，但随着来的是由众多"陌生人"组成的更为庞大的社会救助体系。这个"陌生人"群体不仅是邻居、乡亲，而且是更为广

---

[1] 该法颁布于1601年，为英国历史上第一部有关济贫的法律。其不仅是济贫这一法律制度的开端，也为该法律制度的发展确定了基本原则，因此也是世界上最早的社会保障法。

阔的其他人，社会救助的资金池也变得多元和丰富起来。

随着家庭救助功能的淡化，政府却承担了越来越多的救助职能，在现代的社会救助体系中，政府成为社会救助体系的指导者、组织者和协调者。但是受制于经济基础，救助完全依靠政府显然也不现实，毕竟政府财政资金有限。在现代化社会治理过程中，就需要转变政府的职能，政府是为人民服务的，提供公共服务，既然是公共服务，社会救助其实也是公共服务的一部分，那么就要转变现代社会救助体系，把由单一依靠政府救助的体系转变为以政府救助为主导、以社会力量互助协同的规范化、制度化体系。在进一步完善发展政府主导社会救助事业同时，也要进一步壮大社会力量在社会救助事业中的作用，把社会各界都纳入到社会救助事业中来。比如设立多样化的社会救助慈善基金，整合社会资金，为政府开展社会救助事业提供的支持。

社会救助是多样的，比如自然灾害中社会各界抗震救灾、抗洪救助，用人力去救助；还有基本生活救助、医疗救助、司法救助等，这些救助对国家和社会都是有益的，社会救助促进了整个社会及公民个体的发展，有利于实现社会的稳定、团结。比如汶川地震，通过社会救助，让受灾人群生活秩序恢复正常，在地震中表现出来的精神，又激励着社会互助，让民族更加团结。社会救助制度在政府应对突发事件过程中发挥着重要作用，由于各类突发事件的紧急性与突然性，若不能及时有效地对其进行的救助，极容易引起各种社会动乱，通过社会救助制度，特别是自然灾害救助制度的救济，可以有效避免各种社会动乱的发生。

第五章 结 论

一、解释的问题

(一) 我国存在私法与公法之间赔偿转移现象

欧美国家在工业事故和职业病赔偿，环境损害赔偿，自然灾害、人为灾害和恐怖活动赔偿，医疗事故赔偿等领域都实施了赔偿转移，把受害人的自担后果转移给了第一方保险、第三方保险、社会保障和公共基金。

回到国内，在我国交通事故中，交强险就是一个常见的赔偿转移，即赔偿由个人主体转移给了保险市场。我国法律规定的交强险，把应该属于司机个人自我负责的交通事故，强制性的转移给了第一方保险。除此这个常见的赔偿转移，其实我国在其他诸多领域也发生了赔偿转移。

在食品安全责任领域，我国在一些省、自治区、直辖市实施了食责险和食强险的试点工作。国家借鉴交强险的经验，把食品安全责任中一些风险转移给保险市场。虽然在我国是否实施食品安全责任保险，有一定的争议。但是从我国食品安全责任的相关法规规定来看，有把食品安全责任风险由私法赔偿转向公法赔偿的趋势。毕竟目前人们对食品安全问题越来越重视，而食品安全问题也越来越严峻，这种矛盾促使国家实施食品安全责任赔偿转移。

在环境损害赔偿领域，我国在 2015 年实施的《环境保护法》中就规定了国家鼓励投保环境责任保险。目前我国已有许多省、自治区、直辖市相继开展了环境污染责任保险试点工作。除了环境责任保险外，我国还实施了环境侵权行政补偿制度。按照法律规定的情形、程序由政府征收环境税费作为主要筹资方式而设立环境侵权基金，当发生环境损害时，用环境侵权基金来保障受害者能获得便捷、及时和充分的救济。

从上述现象中，我们看到在我国私法与公法体系之间是存在赔偿转移现象的，具体体现在大规模侵权、自然灾害、食品安全责任和环境损害赔偿等领域。

（二）我国私法与公法之间赔偿转移的方向与因素

法律体系中的赔偿转移类型较多，而且也较复杂，有私法体系内部的赔偿转移，有公法体系内部的赔偿转移，有公法与私法体系之间的赔偿转移。本书重点研究公法与私法体系之间的赔偿转移。

就我国而言，目前有三种转移方向：一是私法体系内部的赔偿转移。比如交通事故、食品安全责任事故，我国就采取了私法体系内部的赔偿转移，由个人责任转向了保险市场，这其实是私法赔偿之间的转移。二是私法向公法赔偿转移。如大规模侵权，以及环境损害赔偿等，我们看到应该私人负责的赔偿，由于规模大、人数众多、影响大等因素，赔偿责任部分转移给了社会保障或公共基金，甚至有的是由政府最后买单。三是公法向私法赔偿转移。如医疗责任事故，在欧美国家均是由私法向公法的赔偿转移，但我国却把医疗责任事故赔偿本应由公法承担的部分，转向了私法赔偿的第三方保险责任（侵权责任或和合同责任）。

就我国私法与公法赔偿转移的方向而言，侧重于两个方向，一是私法体系内部的赔偿转移，二是私法向公法之间的赔偿转移。

影响私法与公法之间赔偿转移的因素，一般概括为三个方面，即立法干预、政策影响和利益集团驱动。我国与欧美国家在影响私法与公法之间赔偿转移的影响方面有两点是共同的，即立法干预和政策影响。无论西方还是我国都存在用立法形式干预私法与公法之间赔偿的走向，主要是立法对责任的相关规定。如自我责任与连带责任在立法中结合情况，还有如过错责任与无过错责任在立法中所占比例等。不同点在于利益集团，即保险市场、法律共同体、公务员在一定程度上属于利益集团。

其一，保险市场。我们看到欧美国家在私法与公法之间的赔偿转移中，保险起着重要作用。这与欧美保险业发达有关，欧盟取消对欧洲保险业的管制，以使该行业更具竞争性。欧美的保险业本身的强大使得其与政策制定者之间的协商具有较大话语权，这也决定了赔偿转移的方向。我国保险业受制于国家政策，导致我国私法与公法之间赔偿转移时，保险在赔偿转移中所占比例较小。

其二，法律共同体。就律师而言，哪一种赔偿转移对他们有吸引力；哪一种是他们反对的，或者不感兴趣的。我们说律师是伸张正义，从而发现自身和客户的利益所在。但是多数情况下，可能获取更大报酬，才是他们去推动一项事情的动力。私法向公法赔偿转移，这会大大降低律师在民事诉讼中活动利益，因此，律师会抵制私法制度向公法制度赔偿转移。

其三，公务员。在政府机关或受雇于公共服务部门的人员，其收入与公共服务的成功关联较小，因而导致其在对待私法与公法之间赔偿转移的态度时，偏好私法向公法赔偿转移。

二、我国私法与公法之间赔偿转移的合法性

在我国存在多个领域中赔偿转移现象，如医疗事故、大规模侵权、自然灾害、食品安全责任和环境损害赔偿等领域的赔偿转移。而且我国赔偿转移的方向是多元的，有私法体系之内的赔偿转移、私法向公法的赔偿转移等。从法律体系的规范视角来看，我国私法与公法之间赔偿转移具有合法性。在一般情况下，责任是赔偿的前提条件，从过错责任向无过错责任转移或者从自我负责向连带责任转移，就成为我国赔偿转移的合法性基础。

（一）无过错责任为赔偿转移提供前提条件

无过错责任无论在英美法系还是大陆法系中都存在，在我国相比西方国家更加具有突出的地位。由于严格责任和无过错责任标准更经常适用于集体而非个人。西方强调个体，因而过错责任是其一般原则，无错责任仅仅是例外。而我国家庭和集体在社会中占据重要地位，使得无过错责任在我国法律体系中具有重要地位。如我国古代损害赔偿中奉行结果责任原则，而不是过

错责任原则,就是因为家庭在我国古代占据主导地位的结果。今天我国虽然已经建立起现代化的法律制度,确立了过错责任原则,但是家庭和集体仍然在社会中有着重要作用,个体很多情况下仍然依附于家庭和集体,导致了我国目前的过错责任相比西方国家而言,更突出和更多见。无过错责任为私法与公法之间的赔偿转移提供了责任基础。

(二)自我责任与连带责任结合为赔偿转移提供了基础

无过错责任在赔偿"不幸福的少数人"上是比较有利的,让他们获得了一定的救济。但是赔偿制度的功能,不仅在于救济当事人,还在于提供较好的预防激励。比如预防医疗事故、突发事件、环境损害等的发生。这就需要自我责任与连带责任的结合。

责任自负是我国现阶段一般责任归结的基本原则,其体现在我国实体法和程序法中。在实体法中一般表现为个体要为自己的违法或违约承担责任,在程序法中一般表现为个体要负责证据收集和提供等。

连带责任在我国《民法总则》《合伙企业法》等法律中都有规定,在我国诸多领域,我们也看到了连带责任出现,如医疗责任事故,患者家属大闹医院,政府基于危机管理做出先行赔付患者的行为。再如大规模侵权事件中,本应由个人或企业自己承担责任,但由于事件会导致群体性事件影响社会稳定,这时政府就先行赔付给受害者。我们看到这些事件花费大量的公共资金,把本应的私法赔偿转向了公法赔偿。这种赔偿转移背后既有社会连带关系的理论支持,又有连带责任相关立法规定。

三、我国私法与公法之间赔偿转移的正当性

从法律规范内在视角论证了我国私法与公法之间赔偿转移的合法性,还需要评价我国这些赔偿转移究竟好不好。我国私法与公法之间赔偿转移符合公平负担理论,体现了分配正义,有利于保护公民权,有利于社会稳定和谐,因而具有正当性。

(一)私法与公法之间的赔偿转移体现了分配正义

在当今,大多数事故风险的分配并不公平,在诸多风险中,我们看到风

险倾向于由那些无法保护自身利益的阶层承担。同时我们也应该看到，产生事故的那些活动又明显有益于社会，如医院的活动对社会是有益的，但是在进行医疗时，又不可避免地会遭遇风险，给他人造成损害，可是医院存在对社会其他人而言是有益的，他们间接地获得了医院好处。那么从医院中获得好处的人理应承担或分担医疗风险或损失，这体现了公平负担理论。

从分配正义视角而言，分配正义关注社会上和经济上处于不利地位的人，分配正义可以把由私法转向公法赔偿正当化。如在大规模侵权和环境损害中受到伤害的人，这些人遭遇到了偶然性的伤害，分配正义不论这些受害人的财富状况如何，都应给予这些人补偿。

（二）私法与公法之间的赔偿转移保护了公民权

公法与私法的一个共同点是其都关注对（国家或私人机构）权力行使的控制。公法与私法都关注保护某些重要的个人利益或公共利益，以使其免受国家权力或私人权力滥用的侵扰。我们大多关注对公权力的控制，而忽视了对私权力的控制。医疗事故、大规模侵权、自然灾害、食品安全、环境损害赔偿中都反映出一个共同问题，即私人组织权力与个人之间力量对比失衡，或者说私权力的滥用。因此，我们应该不仅仅是要规制公权力，同时还要规制私权力。

私法向公法赔偿转移，体现了司法克制主义。比如医疗事故案件，当事人想要获得公共基金赔偿，那么当事人可能要放弃司法诉讼才能获得一定的赔偿。公法向私法转移，体现了规范主义，这种转移强调了裁判和控制能力。如三鹿毒奶粉事件，政府按照《合同法》和《侵权责任法》，要求奶粉企业给予受害人赔偿，这其中需要政府对事件的控制能力和对过错的裁判能力。所以，私法与公法之间赔偿转移对公民权的保障至关重要。

（三）私法与公法之间的赔偿转移有利于社会和谐

从制度溢流来看，如果当事人的损害在制度内部不能得到合法、合理、有效的解决，基于损失客观存在性，那么当事人就会寻求制度外的途径解决问题。

在医疗责任事故、环境损害、大规模侵权事件中，给个人或某一群体造成某种损害，如果医院、企业按照正常法律程序，当事人不能及时得到补偿或赔偿，同时如果不发生赔偿转移，那么就会有一部分人损失客观化，并且无法获得法律上救济的。这些受害者中的一部分一定会寻求制度外的处理办法。在市场规制中，损害部分人的利益，而不给予经济赔偿，用权力强行压制，其目的未必能够达到。在制度内，受损者找不到问题处理的办法，一定会在制度外寻找问题处理的办法。医闹事件其实质就在于有一些人的损失是客观存在的，但在制度内得不到解决，从而导致寻求制度外的救济。

因此，从客观损害和溢流现象，私法转向公法的赔偿，或者公法转向私法的赔偿具有必要性，有利于社会稳定和谐。

四、我国私法与公法之间赔偿转移的政策建议

（一）医疗责任事故应实施私法赔偿向公法赔偿转移

医疗责任事故中的赔偿转移，英国和德国在对待医疗事故时采取从责任到连带责任的模式，即从私法赔偿导向公法赔偿模式。在医疗事故中，婴儿出生缺陷占比较大，美国和法国在对待出生缺陷的赔偿时，也采取了从责任到连带责任的模式。从欧美医疗责任事故研究来看，还得出两个结论，一是医疗责任事故的发生在一定程度上不可避免，欧美各个国家医疗事故数量有差异，但都存在医疗事故。二是在处理医疗过失小额索赔时，诉讼并不是一条有效率的途径。[1]

建议在我国医疗责任事故领域，实施私法赔偿转向公法赔偿。我国在对待医疗责任事故时，没有采取欧美等国的从责任到连带责任的模式，仍然坚持私法赔偿模式。解决我国医患关系紧张现象，需要实施赔偿转移。

建议建立中央级别的医疗事故赔偿机构。像欧美国家一样，建立处理医疗事故赔偿的中央机构，如英格兰的国家医疗服务诉讼管理局、法国的国家治疗事故赔偿署等。

建议在医疗责任事故中责任法采取无过错责任原则。目前瑞士、芬兰和

---

[1] 威廉·范博姆，等.在私法体系与公法体系之间的赔偿转移[M].黄本莲，译.北京：中国法制出版社，2012：158.

丹麦的法律制度对医疗不良事件中的责任发生了转移，即用无过错责任替代过错责任原则。法国虽然不明显，但也采取的是严格责任，其实是加重了医院的举证责任。采用无过错责任基于欧洲两个发展趋势判断，一是大量的医疗责任事故争端是用非司法解决的，二是医疗责任事故中采用更有利于患者的权利标准。❶

（二）大规模侵权和自然灾害事件中应采取公法赔偿向私法赔偿转移

美国和法国在对待自然灾害时，采取社会连带和自我负责相结合的模式，即公法赔偿导向私法赔偿模式。法国面对自然灾害时，采用了激励人民对自己的风险投保，这促使了自我负责。美国面对自然灾害时，采取了对帮助灾难受害人的捐款进行免税的方式。

我国采取了与欧美国家不同的模式。在对待大规模侵权、自然灾害时，我国采用私法赔偿导向公法赔偿模式。比如"三鹿毒奶粉""长春长生疫苗"等事件爆发后，政府第一时间进行了先行赔付或救助，安抚受害人情绪，维护社会稳定。但是事后，有民众和媒体就提出质疑，政府先行赔付不能变成由政府买单，因为众多大规模侵权、食品安全责任等事件，都是由私法赔偿转向公法赔偿，结果有政府买单。

建议我国应该借鉴欧美国家模式，在面对大规模侵权、食品安全责任、自然灾害等事件时，采用公法赔偿导向私法赔偿，实现自我责任与社会连带责任相结合。不能仅仅由政府买单，而应该是个人力量、市场力量和政府力量相结合。

---

❶ 威廉·范博姆，等.在私法体系与公法体系之间的赔偿转移［M］.黄本莲，译.北京：中国法制出版社，2012：177.

参考文献

一、著作类

[1] 皮特·凯恩.法律与道德中的责任[M].罗杰华,译.北京:商务印书馆,2008.

[2] 彼得·凯恩.阿蒂亚论事故、赔偿及法律[M].王仰光,等译.北京:中国人民大学出版社,2008.

[3] 卡罗尔·哈洛.国家责任:以侵权法为中心展开[M].涂永前,马佳昌,译.北京:北京大学出版社,2009.

[4] 唐纳德·布莱克.正义的纯粹社会学[M].徐昕,田璐,译.杭州:浙江人民出版社,2009.

[5] 格哈德·瓦格纳.损害赔偿法的未来——商业化、惩罚性赔偿、集体性损害[M].王程芳,等译.北京:中国法制出版社,2012.

[6] P.S.阿蒂亚."中彩"的损害赔偿[M].李利敏,李昊,译.北京:北京大学出版社,2012.

[7] W.V.霍顿·罗杰斯.比较法视野下的非金钱损失赔偿[M].许翠霞,译.北京:中国法制出版社,2012.

[8] 威廉·范博姆,等.在私法体系与公法体系之间的赔偿转移[M].黄本莲,译.北京:中国法制出版社,2012.

[9] 肯尼斯·R.范伯格.补偿的正义——美国如何应对灾难[M].孙伟,等译.北京:法律出版社,2013.

［10］赫尔穆特·考茨欧.惩罚性赔偿金：普通法与大陆法的视角［M］.窦海阳，译.北京：中国法制出版社，2012.

［11］奥托·基尔克.私法的社会任务［M］.刘志阳，张小丹，译.北京：中国法制出版社，2017.

［12］A.C.L.戴维斯.社会责任：合同治理的公法探析［M］.杨明，译.北京：中国法制出版社，2012.

［13］伯恩哈德·A.科赫，赫尔穆特·考茨欧.比较法视野下的人身伤害赔偿［M］.陈永强，等译.北京：中国法制出版社，2012.

［14］哈伯特·L.帕克.刑事制裁的界限［M］.梁根林，等译.北京：法律出版社，2008.

［15］波斯纳.法理学问题［M］.苏力，译.北京：中国政法大学出版社，1994.

［16］亚里士多德.尼各马科伦理学［M］.苗力田，译.北京：中国人民大学出版社，2003.

［17］乌尔里希·贝克.风险社会［M］.何博文，译.南京：译林出版社，2004.

［18］加布里埃尔·A.阿尔蒙德，等.当代比较政治学：世界视野［M］.杨红伟，等译.上海：上海人民出版社，2010.

［19］克里斯蒂安·冯·巴尔.大规模侵权损害赔偿责任法的改革［M］.贺栩栩，译.北京：中国法制出版社，2010.

［20］博登海默.法理学——法哲学及其方法［M］.邓正来，译.北京：华夏出版社，1987.

［21］哈耶克.自由宪章［M］.杨玉生，等译.北京：中国社会科学出版社，1999.

［22］狄骥.公法的变迁［M］.郑戈，译.北京：中国法制出版社，2010.

［23］丹尼尔·W.布罗姆利.充分理由——能动的实用主义和经济制度的含义［M］.简练，杨希，钟宁桦，译.上海：上海人民出版社，2008.

［24］道恩·奥利弗.共同价值与公私划分［M］.时磊，译.北京：中国人民大学出版社，2017.

［25］刘燕生.社会保障的起源、发展和道路选择［M］.北京：法律出版社，

2000.

［26］郑杭生，等.社会学概论新修［M］.北京：中国人民大学出版社，1999.

［27］曾隆兴.详解损害赔偿法［M］.北京：中国政法大学出版社，2004.

［28］王明远.环境侵权救济法律制度［M］.北京：中国法制出版社，2001.

［29］高一涵.欧洲政治思想史［M］.北京：东方出版社，2007.

［30］王利明，周友军，高圣平.中国侵权责任法教程[M].北京:人民法院出版社，2010.

［31］刘宗荣.新保险法：保险契约法的理论与实务［M］.北京：中国人民大学出版社，2009.

［32］李步云.人权法学［M］.北京：高等教育出版社，2005.

［33］侯佳儒.中国环境侵权责任法基本问题研究［M］.北京：北京大学出版社，2014.

［34］黄中显.分担与转移——环境侵害救济社会化法律制度研究［M］.北京：法律出版社，2016.

［35］吕忠梅.环境法学［M］.北京：法律出版社，2008.

［36］向朝霞.法律制裁中的赔偿理论研究［M］.北京：知识产权出版社，2016.

［37］沈宗灵.现代西方法理学［M］.北京：北京大学出版社，2000.

［38］何勤华.公法与私法的互动［M］.北京：法律出版社，2012.

［39］王名扬.法国行政法［M］.北京：中国政法大学出版社，1989.

［40］朱岩.侵权责任法通论·总论（上册）：责任成立法[M].北京:法律出版社，2011.

［41］DAVID BOONIN. The problem of punishment[M].Cambridge：Cambridge University Press，2008.

二、论文类

［1］汪习根.公法法治论——公、私法定位的反思［J］.中国法学，2002（5）.

［2］苏永钦.以公法规范控制私法契约——两岸转介条款的比较与操作建议［J］.人大法律评论，2010（1）.

［3］钟瑞栋."私法公法化"的反思与超越——兼论公法与私法接轨的规范配置［J］.法商研究，2013（4）.

［4］张新宝.扩张与强化：环境侵权责任的综合适用［J］.中国社会科学，2014（3）.

［5］汪劲.论生态补偿的概念［J］.中国地质大学学报：社会科学版，2014（1）.

［6］程多威，王灿发.生态环境损害赔偿制度的体系定位与完善路径［J］.国家行政学院学报，2016（5）.

［7］吕忠梅."生态环境损害赔偿"的法律辨析［J］.法学论坛，2017（3）.

［8］孙佑海.绿色"一路一带"环境法规制研究［J］.中国法学，2017（6）.

［9］李晨光.生态环境损害救济模式探析——游走在公法与私法之间［J］.南京大学法律评论，2017（1）.

［10］张梓太，吴惟予.我国生态环境损害赔偿立法研究［J］.环境保护，2018（2）.

［11］［日］但见亮.中国公法与私法的关系——以"美浓部理论"为线索［J］.交大法学，2013（1）.

［12］向朝霞.论赔偿的正当性［J］.东方法学，2014（4）.

［13］肖海军.论环境侵权之公共赔偿救济制度的构建［J］.法学论坛，2004（3）.

［14］刘兰秋.域外医疗损害无过失补偿制度研究［J］.河北法学，2012（8）.

［15］庄雪莉.完善我国医疗事故损害赔偿制度［J］.鄂州大学学报，2015（1）.

［16］赖东川.我国医疗纠纷的多元化解决机制初探［J］.福建法学，2011（2）.

［17］陈年冰.大规模侵权与惩罚性赔偿［J］.西北大学学报：哲学社会科学版，2010（6）.

［18］张新宝.设立大规模侵权损害救济（赔偿）基金的制度构想［J］.法商研究，2010（6）.

［19］李敏.赔偿基金在大规模侵权损害救济中的定位与制度构想［J］.西北大学学报：哲学社会科学版，2012（2）.

［20］熊剑波.论大规模侵权损害救济模式的构建［J］.长沙理工大学学报：社会科学版，2015（4）.

［21］粟榆.责任保险在大规模侵权中的运用［J］.财经科学，2009（1）.

［22］张新宝.大规模侵权损害赔偿基金：基本原理与制度构建［J］.西北政法

大学学报，2012（1）.

［23］孙晋，王菁.论我国食品安全事故补偿基金制度的建构［J］.中南大学学报，2009（5）.

［24］曹昌伟.大规模侵权损害救济的政府介入及其规制［J］.河南师范大学学报，2012（3）.

［25］黄顺康.论公共危机管理中的政府责任［J］.甘肃社会科学，2006（1）.

［26］林鸿潮.论公民的社会保障权与突发事件中的国家救助［J］.行政法学研究，2008（1）.

［27］叶姗.财政垫付责任：基于社会法理论的分析［J］.财贸研究，2011（4）.

［28］张成福.责任政府论［J］.中国人民大学学报，2002（2）.

［29］付珊.社会救助立法化：由福岛核泄漏危机引发的思考［J］.黑龙江社会科学，2011（4）.

［30］刘士国.突发事件的损失救助、补偿和赔偿研究［J］.中国法学，2012（2）.

［31］张升亮，杨忠雨.欧盟与台湾地区食品安全风险管理及责任保险发展的经验启示［J］.保险职业学院学报，2015（2）.

［32］何锦强，孙武军.我国食品安全责任强制保险制度之构建——以强制自治为视角［J］.保险研究，2016（3）.

［33］董泽华.论我国食品安全责任强制保险法律制度的构建［J］.法学杂志，2015（1）.

［34］贾君望，李媛辉.环境侵权损害赔偿社会化的研究［J］.环境保护，2017（8）.

［35］蔡守秋.从环境权到国家环境保护义务和环境公益诉讼［J］.现代法学，2013（6）.

［36］侯佳儒.生态环境损害的赔偿、移转与预防：从私法到公法［J］.法学论坛，2017（3）.

［37］金自宁."公法私法化"诸观念反思——以公共行政改革为背景［J］.浙江学刊，2007（5）.

［38］石绍武.论公法在中国的演进［J］.西南政法大学学报，2008（5）.

［39］顾爱平.论公法与私法的划分及其在我国法治建设中的定位［J］.江苏社

会科学，2005（4）.

［40］喻志耀.过错责任：民法的基本归责原则[J].华东政法学院学报，2001（6）.

［41］韩志明.论制度惩罚与责任个人化原则[J].四川行政学院学报，2007（3）.

［42］赵星.遏制恐怖犯罪应适度引入责任不自负原则[J].政法论坛，2015（5）.

［43］孙光焰.经济立法中的国家赔偿——以狄骥的公共服务理论为基础［J］.岳麓法学评论，2002（3）.

［44］PETER J. FERRARA. Retribution and restitution：A synthesis[J]. The Journal of Libertarian Studies，1982,6(2).

［45］赵广平.医疗事故民事责任法律分析［D］.哈尔滨：黑龙江大学，2004.

［46］鲁承凤.我国医疗责任保险法律制度研究［D］.济南：山东财经大学，2016.

［47］王卓.江西省医疗纠纷第三方调解机制研究［D］.南昌：南昌大学，2016.

［48］杜健.大规模侵权损害救济机制研究——以社会化救济为视角［D］.合肥：安徽大学，2015.

［49］凌华.突发事件中的政府垫付行为研究［D］.广州：广州大学，2013.

［50］胡易庚.食品安全强制责任保险制度研究［D］.北京：中国政法大学，2010.

［51］刘中华.食品安全强制责任保险发展及制度构建［D］.成都：西南财经大学，2012.

［52］钱恒.我国食品安全责任强制保险制度构建研究［D］.上海：华东政法大学，2016.

后 记

2016年我以"私法与公法体系之间的赔偿转移研究"为选题，申报了中国法学会2016年度部级法学研究课题，并顺利获得立项。课题自2016年12月立项始到结项，历时将近一年时间。自立项以后，我就召集课题组成员进行讨论，明确各自分工。期间经历了资料收集、文献综述和各章节撰写。本书就是这次课题的最终完成成果。

本书得以完成，首先要感谢我指导的研究生汪飞宇、刘春东、李艳、张楠等同学，他们在本研究中进行了资料收集、整理，以及部分章节初稿的撰写工作。其次要感谢王婷、梁恒瑜、王遥、陈茜、王艺蓉等同学对本书第三章部分章节进行的资料收集、整理、校对等工作。其中一些内容，我在研究生课堂上与他们进行了深入讨论，他们也提出了一些有益的建议。本书的构思、大纲、核心观点，以及文章主体部分均由我本人负责完成。对于本书，若存在错误与不足，责任由我承担，恳请读者批评指正。

本书能得以出版，还要感谢中国法学会的立项督促和经费资助。正是中国法学会高效的项目监管和督促，才促使我们能够及时完成项目。

向朝霞

2019年7月